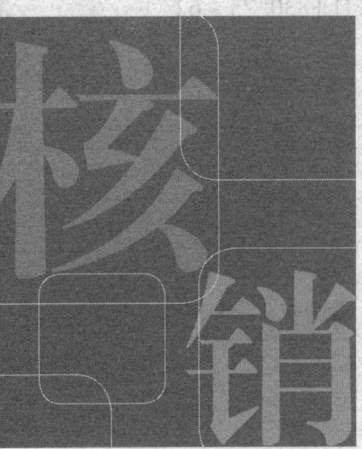

外汇核销指南

Waihui Hexiao Zhinan

陈文培 翁佩君 翁卓如 顾惠媛 / 编著

中国海关出版社

图书在版编目（CIP）数据

外汇核销指南/陈文培等编著．—北京：中国海关出版社，2011.7
ISBN 978-7-80165-824-1

Ⅰ.①外… Ⅱ.①陈… Ⅲ.①外汇清算－指南 Ⅳ.①F830.73-62

中国版本图书馆 CIP 数据核字（2011）第 133393 号

外 汇 核 销 指 南
WAIHUI HEXIAO ZHINAN

作　　者：陈文培　翁佩君　翁卓如　顾惠媛	
策划编辑：胡　菡	
责任编辑：胡　菡	
责任监制：王岫岩	
出版发行：中国海关出版社	
社　　址：北京市朝阳区东四环南路甲 1 号	邮政编码：100023
网　　址：www.hgcbs.com.cn；www.hgbookvip.com	
编 辑 部：01065194242－7585（电话）	01065194234（传真）
发 行 部：01065194242－7540/42/44/45（电话）	01065194233（传真）
社办书店：01065195616/5127（电话/传真）	01065194262/63（邮购电话）
北京市建国门内大街 6 号海关总署东配楼一层	
印　　刷：北京京都六环印刷厂	经　　销：新华书店
开　　本：710mm×1000mm　1/16	
印　　张：8.75	字　　数：145 千字
版　　次：2011 年 8 月第 1 版	
印　　次：2011 年 8 月第 1 次印刷	
书　　号：ISBN 978-7-80165-824-1	
定　　价：22.00 元	

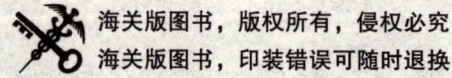

海关版图书，版权所有，侵权必究
海关版图书，印装错误可随时退换

前　言

外汇核销是国际贸易流程中非常重要的一环，报关员在出口前要申领出口收汇核销单，出口时要带着报关单一起去报关，出口退税前要到外汇管理局核销。可以说外汇核销管理贯穿出口业务的全过程，当然，进口贸易亦然。

由于外汇核销管理政策性强，可操作性也强，流转的机构众多，所以掌握外汇核销实务非常重要。本书虽然篇幅不长，但涉及了外汇核销的全过程，是一本很好的外汇核销实务工具书。

本书共分五个章节，第一章外汇账户管理，第二章出口收汇核销，第三章进口付汇核销，第四章出口收结汇联网核查，第五章中国电子口岸出口收汇和进口付汇子系统。本书内容新，实用性和可操作性强。

本书对外贸业务员和外汇核销员是非常有用的参考书，也可以作为大专院校开设外汇核销课程的参考教材，对于要详细了解外汇核销业务的国际贸易专业的学生，更是非常适合的参考书。

本书在编写中，收集了外汇核销的最新政策规定，由于外汇核销工作每年都会产生大量的新的政策规定，所以本书给出了指导意见，希望大家能掌握这些方法。

本书在编撰过程中查阅了大量的资料，在此谨向各位同人表示感谢。

在本书的选题策划中，中国海关出版社的胡菡编辑给予了热情的指导和帮助，在此一并感谢。由于编者水平有限，错误之处敬请批评指正。

陈文培

2011 年 5 月于上海

目 录

第一章　外汇账户管理 …………………………………………… 1
 一、外汇管理的几个基本概念 ………………………………… 2
 二、境内机构(含异地企业)经常项目外汇账户开立、变更、关闭 ……… 11
 三、境内机构基本信息变更 ……………………………… 12
 四、境内机构经常项目外币现钞账户的开立 ………………… 13
 五、境外外汇账户管理 …………………………………… 14
 六、保税监管区域管理区内中资机构外汇登记、登记变更、注销手续 … 15

第二章　出口收汇核销 …………………………………………… 17
 一、企业出口收汇核销的基本原则 ……………………… 18
 二、出口收汇核销业务流程 ……………………………… 18
 三、出口单位出口核销备案登记 ………………………… 18
 四、出口单位领取出口收汇核销单 ……………………… 21
 五、出口收汇核销单注销 ………………………………… 22
 六、空白出口收汇核销单挂失 …………………………… 22
 七、出具出口货物报关情况证明 ………………………… 23
 八、出口单位出口收汇核销 ……………………………… 23
 九、出口单位出口收汇差额核销、核销备查核准 ……… 28
 十、出口单位境外收汇过户核准 ………………………… 30
 十一、出口单位远期收汇备案 …………………………… 31
 十二、出口单位出口退赔外汇核准 ……………………… 32
 十三、"关注企业"名单内的出口企业办理贸易结汇 ……… 33

十四、出口收汇核销网上报审服务系统企业端常见问题解答 …………… 34
十五、出口报关核销单的使用 ………………………………………… 42
十六、出口收汇核销应用案例 ………………………………………… 45

第三章 进口付汇核销 ……………………………………………… 49
　　一、进口付汇核销业务流程 ………………………………………… 50
　　二、进口单位名录登记、变更及注销 ……………………………… 50
　　三、货物信息变更 …………………………………………………… 55
　　四、进口付汇登记 …………………………………………………… 57
　　五、逐笔报告业务 …………………………………………………… 63
　　六、配合外汇局现场核查 …………………………………………… 64
　　七、在外汇局确定分类结果前进行申述 …………………………… 66
　　八、历史业务清理（时间截至 2010 年 6 月 30 日）………………… 66

第四章 出口收结汇联网核查 ……………………………………… 71
　　一、出口收汇待核查账户的开立与管理 …………………………… 72
　　二、出口收汇和出口收汇核销专用联的出具（与联网核查相关）… 73
　　三、联网核查与待核查账户资金结汇与划出 ……………………… 77
　　四、待核查账户资金退汇、结汇与划转核准 ……………………… 83
　　五、出口收结汇联网核查系统应急预案 …………………………… 88
　　六、罚则 ……………………………………………………………… 90
　　七、出口收结汇联网核查政策相关问题解答 ……………………… 91

第五章 中国电子口岸出口收汇和进口付汇子系统 ……………… 99
　　一、出口收汇子系统 ………………………………………………… 100
　　二、进口付汇子系统 ………………………………………………… 105
　　三、企业办理电子口岸入网程序 …………………………………… 106

附件 1：境外汇款申请书样式和填写说明 ……………………………… 115
附件 2：国家（地区）名称代码表 ……………………………………… 124
附件 3：国际收支交易代码表（支出）………………………………… 125
主要参考文献 ……………………………………………………………… 126

外汇账户管理

办理依据

1. 《中华人民共和国外汇管理条例》(2008年国务院第532号令)
2. 《境内外汇账户管理规定》(银发[1997]416号)
3. 国家外汇管理局《关于进一步调整经常项目外汇账户管理政策有关问题的通知》(汇发[2002]87号)
4. 国家外汇管理局《关于调整经常项目外汇管理政策的通知》(汇发[2006]19号)
5. 国家外汇管理局综合司关于下发《经常项目外汇账户和境内居民个人购汇操作规程》的通知(汇综发[2006]32号)
6. 《境外外汇账户管理规定》([1997]汇政发字第10号)
7. 《保税监管区域外汇管理办法》(汇发[2007]52号)
8. 《保税监管区域外汇管理办法操作规程》(汇综发[2007]166号)

一、外汇管理的几个基本概念

1. 外汇的概念

外汇,是指下列以外币表示的可以用作国际清偿的支付手段和资产:
(1)外币现钞,包括纸币、铸币;
(2)外币支付凭证或者支付工具,包括票据、银行存款凭证、银行卡等;
(3)外币有价证券,包括债券、股票等;
(4)特别提款权;
(5)其他外汇资产。

2. 汇率的概念

在国际经济交易中,将一种货币兑换成另一种货币,必须有一个兑换比率,才能达成交易,这个比率就是汇率(Foreign Exchange Rate)。汇率是两个国家货币的折算比率。也可以表达为,汇率是以一国货币表示的另一国货币的价格。如:USD1 = CNY6.831,可以说美元和人民币的折算比率是 1∶6.831,也可以说单位美元用人民币表示的价格是 6.831 元。

买入汇率也称买入价或买价,是指银行买入外汇时所使用的汇率。卖出汇率,也称卖出价或卖价,是指银行卖出外汇时所使用的汇率。

在外汇市场上,银行报价通常采用双向报价,即同时报出买入价和卖出价。前一数值较小,后一数值较大。在直接标价法下,前一数值表示银行的买入价,即银行买入外汇时付给同业或客户的本币数;后一数值表示卖出价,即银行卖出外汇时向同业或客户收取的本币数。而在间接标价法下,情况相反,前一数值表示卖出价,即银行收取一定量本币而卖出外币时,付给同业或客户的外汇数;后一数值表示买入价,即银行付出一定量本币买入外汇时,向同业或客户收取的外汇数。买入价和卖出价都是从银行买卖外汇的角度出发的,买卖差价一般为 1‰~5‰,当作银行买卖外汇的收益。

例:东京外汇市场 USD1 = JPY104(买价)~106(卖价)

伦敦外汇市场 GBP1 = USD1.6281(卖价)~1.6301(买价)

中间汇率也叫中间价,是买入价和卖出价的平均数。中间汇率=(买入汇率+卖出汇率)÷2。中间汇率常用于对汇率的分析,报刊、电视报道汇率也常用中间汇率。

一个货币的市场价格就是其汇率,一种货币的汇率是以另外一种货币表现出来的。在外汇交易中,通常不会使用其全名,而是使用国际标准化组织(ISO)编制的标准化代码。以下表格为一些主要货币全称及其 ISO 代码。

Currency	ISO	Other
US Dollar	USD	US$, $
Euro	EUR	€
Yen	JPY	¥
Sterling	GBP	STG, £
Swiss Franc	CHF	SWFR, SWF, SFR
Canadian Dollar	CAD	CAN$, C$
Australian Dollar	AUD	A$, AD

汇率的分类

基本汇率与套算汇率。一般就选定一种在本国对外经济交往中最常使用的主要货币作为基本货币,制定出本国货币与该货币之间的汇率,这一汇率就是基本汇率。套算出来的汇率就是套算汇率,也称为交叉汇率(Cross Exchange Rate)。

双边汇率和有效汇率。通常所说的汇率是一种货币与另一种货币的比价,也就是双边汇率。双边汇率中,比较容易判断一种货币的升值或者贬值趋势。特别是对于许多以本币对美元汇率作为基本汇率的国家来讲,如果本国货币对美元贬值就说本币贬值,对美元升值就说本币升值。有效汇率(Effective Exchange Rate),又称多边汇率或者篮子货币汇率,是将一国货币与多个其他国家货币的双边汇率指数进行加权平均而得到的汇率指数,以反映该国货币对多种外币总的价值变化情况。如同价格指数一样,有效汇率也不是一个具体的汇率水平,而是一个指数,可用于反映报告期和基期相对汇率水平的变化。通常,有效汇率指数是以间接标价法构造的,因此指数上升意味着本币有效汇率升值,指数下降意味着有效汇率贬值。有效汇率又分为名义有效汇率(Nominal Effective Exchange Rate,NEER)和实际有效汇率(Real Effective Exchange Rate,REER)。相对于名义有效汇率,实际有效汇率能够更准确地反映一国国际竞争力的变化。

名义汇率和实际汇率。按衡量货币价值划分,分为名义汇率和实际汇率。名义汇率是外汇交易中使用的现实汇率,它是由市场的外汇供求决定的。实际汇率按外国与本国物价指数之比对名义汇率进行调整,用来反映剔除两国货币相对购买力变动的影响后,汇率变动对两国国际竞争力的实际影响。

3. 汇率制度

汇率制度是一国货币当局对该国汇率水平的确定、汇率变动方式等问题所作的一系列安排或规定。汇率制度大体可分为固定汇率、有管理的浮动汇率和自由浮动汇率制度。固定汇率和自由浮动汇率是汇率制度的两种极端形式,有管理的浮动汇率制度被认为是介于二者之间的中间道路。目前,国际社会比较一致的看法是,既没有适用于所有国家的单一的汇率制度,也没有对各国任何时期都适用的一成不变的汇率制度。实际上,各国汇率制度的选择是多种多样的,也是不断变化的。

三种汇率制度的比较

固定汇率制是指一国货币与某一主要储备货币保持固定汇率的制度。其优点是汇率稳定,可促进国际贸易、投资以及国际合作,避免浮动汇率制下投机活动可能导致的不稳定性。政府为维持固定汇率,不能滥用货币政策,从而赢得政策稳定的信誉。缺点是汇率稳定使市场参与者丧失了风险意识和抵抗风险的能力。汇率低估时易出现短期资本大量流入,汇率高估存在投机资金攻击的风险。

浮动汇率制是指一国汇率根据外汇市场供求变化自由涨落,货币当局原则上不加限制,也不承担义务维持汇率稳定。其优点是通过汇率变动调节国际收支的平衡,保证了货币政策的自主权,并使一国经济建立抵御外部冲击的缓冲。浮动汇率制下的投机具有稳定性,发挥"市场修正市场"的作用,让市场参与者自己承担风险,促进经济稳定。其缺点是汇率频繁、剧烈的波动所带来的不确定性会阻碍本国外经贸发展。

中间汇率制:介于固定汇率和浮动汇率之间,兼顾了固定汇率和浮动汇率的优点,汇率由市场供求关系生成,基本上能够克服固定汇率制度的缺陷,使本国保持相对独立的宏观经济政策。同时,当汇率严重偏离经济基本面,给本国带来不确定性和交易成本上升时,该制度又保留了政府对"市场缺陷"进行及时纠正的权利,避免了汇率波动过大对实质经济造成损害。但这种汇率制度既要固定,又要浮动,在操作中有一定难度,故实践中要么变成了完全的固定,要么变成了完全的自由浮动。由于没有明确的名义锚,这种汇率制度还较容易遭受货币攻击。

4. 人民币汇率制度

为建立和完善我国社会主义市场经济体制,充分发挥市场在资源配置中的基础性作用,自 2005 年 7 月 21 日起,我国开始实行以市场供求为基础、参考一篮子货币进行调节、有管理的浮动汇率制度。

(1) 现行人民币汇率形成机制的内容和特点

人民币汇率不再盯住单一美元,而是按照我国对外经济发展的实际情况,选择若干种主要货币,赋予相应的权重,组成一个货币篮子。同时,根据国内外经济金融形势,以市场供求为基础,参考一篮子货币计算人民币多边汇率指数的变化,对人民币汇率进行管理和调节,维护人民币汇率在合理均衡水平上的基本稳定。参考一篮子不等于盯住一篮子货币,它还需要将市场供求关系作为另一重要依据,据此形成有管理的浮动汇率。

(2) 完善人民币汇率形成机制改革的主要目标和原则

人民币汇率改革的总体目标是,建立健全以市场供求为基础的、有管理的浮动汇率体制,保持人民币汇率在合理、均衡水平上的基本稳定。

人民币汇率改革必须坚持主动性、可控性和渐进性的原则。主动性,就是主要根据我国自身改革和发展的需要,决定汇率改革的方式、内容和时机。汇率改革要充分考虑对宏观经济稳定、经济增长和就业的影响。可控性,就是人民币汇率的变化要在宏观管理上能够控制得住,既要推进改革,又不能失去控制,避免出现金融市场动荡和大的经济波动。渐进性,就是根据市场变化,充分考虑各方面的承受能力,有步骤地推进改革。

(3) 人民币汇率中间价的形成方式

自 2006 年 1 月 4 日起,中国人民银行授权中国外汇交易中心于每个工作日上午 9 时 15 分对外公布当日人民币对美元、欧元、日元、港币和英镑汇率中间价,作为当日银行间即期外汇市场(含 OTC 方式和撮合方式)以及银行柜台交易汇价的中间价。

人民币对美元汇率中间价的形成方式是:中国外汇交易中心于每日银行间市场开盘前向所有银行间外汇市场做市商询价,并将全部做市商报价作为人民币对美元汇率中间价的计算样本,去掉最高和最低报价后,将剩余做市商报价加权平均,得到当日人民币对美元汇率中间价,权重由中国外汇交易中心根据报价方在银行间外汇市场的交易量及报价情况等指标综合确定。

人民币对欧元、日元、港币和英镑汇率中间价由中国外汇交易中心分别根据当日人民币对美元汇率中间价与上午 9 时国际外汇市场欧元、日元、港币和英镑对美元汇率套算确定。

(4) 人民币汇率浮动区间管理

这是人民币汇率有管理浮动的主要体现,区分为银行间市场和银行挂牌汇率浮动区间管理。

银行间市场浮动区间管理。银行间即期外汇市场人民币对美元交易价在中国外汇交易中心对外公布的当日美元对人民币中间价上下 0.5% 的幅度内浮动,人民币对欧元、日元、港币和英镑四种非美元货币交易价在中国外汇交易中心对外公布的当日该货币对人民币中间价上下 3% 的幅度内浮动。

银行挂牌汇率浮动区间管理。银行对客户挂牌人民币对美元汇价实行最大买卖价差幅度管理。当日现汇(钞)最高卖出价与现汇(钞)最低买入价区间应包含当日中国外汇交易中心公布的中间价,并且现汇买卖价差和现钞买卖价差分别不得超过中间价的1%和4%。在上述价差幅度内,银行可自行调整美元现汇和现钞的买卖价。银行可自行决定对客户人民币对非美元货币挂牌现汇和现钞买卖价。

人民币汇率形成演示图,如图1-1所示。

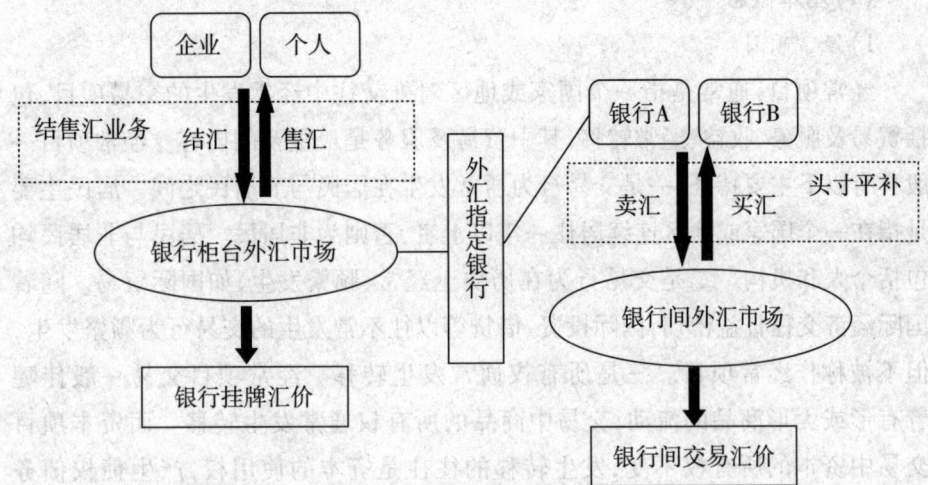

图1-1 人民币汇率形成演示图

(5) 出口换汇成本监测

出口换汇成本监测是人民币汇率监测和分析的一个重要内容。出口换汇成本是由购买力平价学说衍生出来的一种汇率决定理论,可认为是汇率的生产力平价指标。通俗地讲,就是企业1美元出口外汇收入平均负担的人民币总成本,计算公式为:

$$出口换汇成本(人民币/美元) = \frac{出口产品总成本(人民币)}{出口换汇额(美元)}$$

为全面掌握我国出口企业的汇率承受能力,为人民币汇率政策制定提供客观的参考依据,外汇局从2003年开始实施出口换汇成本季度监测,并借助信息技术手段实现了全程电子化监测。目前,出口换汇成本监测涵盖全国近20个地区的涉及各行业、所有制、贸易方式和经营类型的总计1200余家样本企业,年出口额超过全国出口总额的14%,对反映我国出口企业的出口经营情况和汇率变动承受能力具有一定的代表性。

作为出口换汇成本监测的补充,外汇局从2008年开始以出口换汇成本监测样本企业为对象,定期开展企业问卷调查,掌握进出口企业经营最新状况、快速收集企业对国家宏观经济政策和外汇管理政策的反映,为应对国际金融危机和服务企业提供了有力的决策依据。

5. 经常项目外汇管理

(1) 基本概念

1) 经常项目

经常项目,通常是指一个国家或地区对外交往中经常发生的交易项目,包括贸易及服务、收益、经常转移,其中贸易及服务是最主要的内容。经常项目一般具有以下主要特征:一是交易行为通常发生在居民与非居民之间。居民主要是指在一个国家或地区连续居住一年以上者,否则为非居民。居民与非居民均包括个人和机构。二是交易行为在历史上经常、频繁发生,如国际贸易。随着国际经济交往日益密切,国际投资、借贷等以往不常发生的交易行为频繁发生,但不被称作经常项目。三是所有权通常发生转移。经常项目交易一般伴随着有形或无形商品的流动,交易中商品的所有权通常发生转移。而资本项目交易中资本的所有权不变,发生转移的往往是资本的使用权,产生债权债务关系。

贸易收支又称货物贸易收支,是一国出口货物所得外汇收入和进口货物的外汇支出的总称。近年来,我国货物贸易收付汇长期处于顺差状态,即收汇大于付汇。

服务收支又称服务贸易收支,是一国对外提供各类服务所得外汇收入和接受服务发生的外汇支出的总称,包括国际运输、旅游等项下外汇收支。近年来,我国服务贸易收付汇一直处于逆差状态,即付汇大于收汇。

收益包括职工报酬和投资收益两部分,其中职工报酬主要为工资、薪金和其他福利,投资收益主要是利息、红利等。近年来,我国收益项下顺差额不断扩大。

经常转移也称单方面转移,是资金或货物在国际的单向转移,不产生归还或偿还问题。具体包括个人转移和政府转移,前者指个人之间的无偿赠与或赔偿等,后者是指政府之间的军事、经济援助、赔款、赠与等。近年来,我国经常转移项下顺差额也呈现持续扩大的态势。

2) 经常项目可兑换

经常项目可兑换,通常是指对国际收支中经常性的交易项目对外支付和转移不予限制。我国于1996年年底宣布接受《国际货币基金组织协定》第八条的规定,实现了人民币经常项目可兑换。根据该条款,经常项目可兑换一般应符合以下几个主要衡量标准:一是未经基金组织同意,不得对国际经常往来的支付和资金转移施加限制;二是避免施行歧视性货币措施或多种汇率制;三是如其他会员国提出申请,有义务购回其他会员国所持有的本国货币。

(2)经常项目外汇账户管理的主要内容

经常项目外汇账户是涉外主体开展日常对外经营活动,办理外汇收支的主要载体。与资本项目外汇账户实施专户管理不同,国家对于经常项目外汇账户主要通过开户资格和总量限额进行管理,并且不断调整放松。目前,境内企事业单位均能自主开立经常项目外汇账户,自主保留和使用账户外汇资金。

1)经常项目外汇账户的开立

境内机构凭营业执照和组织机构代码证到外汇局办理一次性基本信息登记后,即可到外汇指定银行办理开户手续,其开户数量、币种和账户资金规模不受限制。

但是,一些特殊性质的账户,如公检法机关因办案需要开立的外币现钞账户、境外主体结汇使用的专用账户,仍须经外汇局核准后才能开立。

2)经常项目外汇账户的使用

①跨境收付。境内机构通过外汇账户办理跨境收付时,需办理国际收支申报,并遵守货物贸易和服务贸易相关法规。境内机构收入的外汇,可以保留在账户中,也可以办理结汇;对外付汇时,可以使用自有外汇,也可以使用人民币购汇支付。

②境内划转。同一个境内机构在多家银行开立有多个经常项目外汇账户的,其账户内资金可以直接在银行办理划转;不同的境内机构,在符合货物贸易和服务贸易有关规定的条件下,也允许办理境内划转,如境内机构向运输公司支付运费、向保险公司支付保费等。

③购、结汇。为促进贸易便利化,境内机构在有真实贸易背景且有对外支付需要的情况下,可在开户银行提前办理购汇,并存入其经常项目外汇账户;除此之外,其他情况下购汇后即须对外支付。外汇账户内的资金结汇,需遵守货物贸易的有关规定。

④存取外币现钞。境内机构因支付境外差旅费等情况,需提取外币现钞的,一定金额以下的可直接在银行办理;超过一定金额的需向所在地外汇局申请,经所在地外汇局审核批准后到银行办理。原则上,境内机构不得将外币现钞存入账户。

6. 银行结售汇业务的定义与分类

银行结售汇业务,是指银行为客户办理的人民币与外币之间兑换业务。结汇是指客户将外汇卖给银行,售汇是指客户向银行购买外汇。

银行结售汇业务属于外汇零售市场,是银行与企业或个人之间进行的柜台式外汇买卖所形成的市场。与此相对的是银行间外汇市场,是指银行及其他金融机构之间进行结售汇头寸平补的市场。银行为客户办理结售汇业务会形成相应的头寸盈缺,多余的头寸需要在银行间外汇市场抛出,短缺的头寸需要补进。

银行办理的结售汇业务可以分为代客结售汇业务和自身结售汇业务。代客结售汇业务是指银行为客户办理的结售汇业务。自身结售汇业务是指银行因自身贸易进出口、服务贸易收支、收益和利润支付以及资本与金融项目投资需要等产生的结售汇业务。银行应区分代客结售汇业务与自身结售汇业务,分别管理、核算和统计。

现钞和现汇的区别

现钞和现汇是外汇的两种不同形式。现汇是指从国外银行汇到国内的外币存款以及外币汇票、本票、旅行支票等银行可以通过电子划算直接入账的国际结算凭证。现钞指的是外币钞票。由于现汇可以直接进行电子结算,并且入账后即变为生息资产,因此决定了银行买入现汇时的价格要比现钞高。同时,银行买入现钞后一般要积累到一定数额后,才将其运送并存入外国银行调拨使用,银行为此要承担相应的利息损失以及现钞调运过程中的运费、保险费等支出,因此银行从客户那里买入现钞所出的价格低于买入现汇的价格。

由此可知,在进行跨境贸易、投资等国际结算时,现汇的安全性、便捷性和规模性较现钞具有明显优点。现钞多用于零星小额支付,特别是在银行结算没有介入的主要针对个人消费者的商业服务网点时,现钞要比现汇方便。

二、境内机构(含异地企业)经常项目外汇账户开立、变更、关闭

境内机构,是指中华人民共和国境内的国家机关、企业、事业单位、社会团体、部队等,外国驻华外交领事机构和国际组织驻华代表机构除外。

1. 申请材料

境内机构初次开立经常项目外汇账户持以下材料,到外汇主管部门进行境内机构基本信息登记,之后到外汇指定银行办理开户手续。(见样本1-1、表1-1)

(1)营业执照或社团登记证或外国(地区)企业常驻代表机构登记证(驻华机构)的原件和复印件(正副本均可);

(2)组织机构代码证的原件和复印件(正副本均可)。

样本1-1 企业经常项目外汇账户信息登记申请书

国家外汇管理局××分局

为了便于我公司正常开展对外进出口业务的需要,本公司现申请办理经常项目外汇账户信息登记,拟开户行_____账户币种_____,请审核批准!

提交材料:(以下材料复印件需加盖公章)

1. 出口单位加盖公章的信息登记申请书、介绍信。
2. 营业执照或社团登记证等有效证明的原件和复印件。
3. "中华人民共和国组织机构代码证"原件和复印件。
4. 外汇局要求提供的其他材料。

单位公章

年 月 日

表 1-1 企业基本情况表

单位名称				组织机构代码	
单位地址(注册地)				邮政编码	
营业执照注册号		经营期限 (营业执照)		自 年 月 日 至 年 月 日	
企业性质(类型)		注册资本(折美元)			
单位行业类别		所属外汇局			
法人代表		联系电话			
联系人(核销员)		联系电话			
备注					

2. 办理流程

(1)外商投资企业已办理外商投资企业外汇登记证的,不需到外汇局登记企业信息,可直接到外汇指定银行办理经常项目外汇账户开户手续。

(2)境内机构凡已办理过基本信息登记手续或已开立过经常项目外汇账户的,如需开立新的经常项目外汇账户,可直接到外汇指定银行办理开户手续。

(3)经常项目外汇账户变更开户银行和关闭账户的手续,在开户银行直接办理。

(4)境内机构因经营需要在注册地以外开立经常项目外汇账户的,应当向注册地外汇局备案,持注册地外汇局的"异地开户备案件"及规定的材料向开户所在地外汇局申请,凭开户所在地外汇局核发的"账户开立核准件",到开户金融机构办理开户手续。

3. 办理期限

即时办理。

三、境内机构基本信息变更

1. 申请材料

境内机构的机构名称、机构性质、组织机构代码等基本信息发生变更时,应及时到外汇局办理境内机构基本信息变更手续。申请材料如下：

(1) 变更申请书；

(2) 变更后的营业执照或社团登记证或外国(地区)企业常驻代表机构登记证(驻华机构)等有效证明的原件和复印件(正副本均可)；

(3) 变更后的组织机构代码证原件和复印件(正副本均可)；

(4) 有权管理部门出具的营业执照或社团登记证或外国(地区)企业常驻代表机构登记证(驻华机构)的变更通知书原件和复印件。

2. 办理流程

境内机构持上述材料在外汇主管部门办理基本信息变更手续。

3. 办理期限

即时办理。

四、境内机构经常项目外币现钞账户的开立

1. 申请材料

境内机构除特殊情况外不得开立外币现钞账户,司法和行政执法机构等因特殊业务需求,需要开立外币现钞账户的,申请材料如下：

(1) 境内机构正式公函形式的开户申请书；

(2) 境内机构设立的有效证明原件和复印件；

(3) 组织机构代码证的原件和复印件。

2. 办理流程

境内机构持有关材料在外汇主管部门办理,经批准后,持国家外汇局经常项目外汇业务核准件到开户银行办理。

3. 办理期限

自受理申请之日起20个工作日内办理。

五、境外外汇账户管理

1. 境外外汇账户的开立

(1)境外外汇账户开立的条件

境内机构符合下列条件的,可以申请在境外开立外汇账户:

1)在境外有经常性零星收入,需在境外开立外汇账户,将收入集整后汇回境内的;

2)在境外有经常性零星支出,需在境外开立外汇账户的;

3)从事境外承包工程项目,需在境外开立外汇账户的;

4)因业务上特殊需要必须在境外开立外汇账户的。

(2)申请材料

1)由境内机构法人代表或者其授权人签署并加盖公章的申请书,申请书应当包括开户理由、币别、账户最高金额、用途、收支范围、使用期限、拟开户银行及其所在地等内容;

2)工商行政管理部门颁发的营业执照正本和复印件;

3)境外账户使用的内部管理规定;

4)外汇局要求提供的其他文件和资料。

从事境外承包工程业务的,除提供上述文件和资料外,还应当提供有关项目合同;外商投资企业在境外开立外汇账户的,除提供上述文件和资料外,还应当提供外商投资企业外汇登记证和注册会计师事务所验证的注册资本金已全部到位的验资证明。

(3)办理流程

境内机构持有关材料在外汇主管部门办理,经外汇局批准后,方可在境外开立外汇账户。境内机构应当在开立境外外汇账户后30个工作日内,持境外外汇账户开户银行名称、账号、开户人名称等资料在外汇主管部门备案。

(4)办理期限

外汇局应当自收到规定的文件和资料起20个工作日内予以答复。

2. 境外外汇账户的变更

境内机构变更境外外汇账户的开户行、收支范围、账户最高金额和使用期限等内容的,应当事先向外汇局申请,经批准后,方可变更。

(1) 办理流程

境内机构持有关材料在外汇主管部门办理,经外汇局批准后,方可变更境外外汇账户。境内机构应当在变更境外外汇账户后30个工作日内,持境外外汇账户开户银行名称、账号、开户人名称等资料在外汇主管部门备案。

(2) 办理期限

外汇局应当自收到规定的文件和资料起20个工作日内予以答复。

3. 境外外汇账户的撤销或关闭

(1) 办理流程

境内机构持前述申请材料在外汇主管部门办理。

(2) 办理期限

外汇局应当自收到规定的文件和资料起20个工作日内予以答复。

六、保税监管区域管理区内中资机构外汇登记、登记变更、注销手续

1. 办理保税监管区域外汇登记证的申请材料

区内中资机构应当在领取工商营业执照之日起30个工作日内,持下列材料办理保税监管区域外汇登记证:

(1) 营业执照的原件和复印件(正副本均可);
(2) 组织机构代码证的原件和复印件;
(3) 企业章程的原件和复印件。

2. 变更保税监管区域外汇登记证的申请材料

区内中资机构办理外汇登记手续并领取登记证后,有变更名称、地址、经营

范围等情况的,应当在办理工商登记变更后30个工作日内,持下列材料办理保税监管区域外汇登记证变更手续:

(1)保税监管区域外汇登记证原件和复印件(复印登记页即可);

(2)变更后的营业执照的原件和复印件(正副本均可)、组织机构代码证原件和复印件;

(3)工商局出具的变更事项通知书原件和复印件。

3. 遗失保税监管区域外汇登记证后申请补发保税监管区域外汇登记证的申请材料

区内中资机构遗失保税监管区域外汇登记证,应当自知道遗失之日起5日内登报发表遗失声明,并在登报声明后5个工作日内向注册地外汇局报告,持下列材料到注册地外汇局办理补发:

(1)登报发表的遗失声明原件;

(2)营业执照的原件和复印件(正副本均可);

(3)组织机构代码证的原件和复印件;

(4)企业章程的原件和复印件。

4. 注销保税监管区域外汇登记证

区内中资机构经营期满或因故导致经营终止,经审批机关批准解散的,应当自审批机关批准之日起30个工作日内持下列材料到注册地外汇局办理外汇登记注销手续,交回保税监管区域外汇登记证原件。

(1)办理流程

区内中资机构持有关材料在外汇主管部门办理。

(2)办理期限

资料齐全的即时办理,情况特殊的在20个工作日内办理。

出口收汇核销

办理依据

1. 《中华人民共和国外汇管理条例》（国务院令[2008]第532号）
2. 《出口收汇核销管理办法》（汇发[2003]91号）
3. 国家外汇管理局《关于印发〈出口收汇核销管理办法实施细则〉和〈出口收汇核销管理操作规程〉的通知》（汇发[2003]107号）
4. 国家外汇管理局《关于进一步简化出口收汇核销手续有关问题的通知》（汇发[2005]73号）
5. 国家外汇管理局《关于简化石油类企业对外承包工程项下出口收汇核销手续有关问题的通知》（汇发[2005]79号）
6. 国家外汇管理局、海关总署《关于旅游购物商品出口退出外汇核销管理有关问题的通知》（汇发[2005]91号）

出口收汇核销

出口收汇核销，是以出口货物的价值为标准核对是否有相应的外汇收回国内的一种事后管理措施。

一、企业出口收汇核销的基本原则

1. 出口核销实行属地管理的原则:出口企业开户登记、领取核销单、核销报告均应在注册地所在的外汇局办理。
2. 办理出口核销的全过程,须遵循"五者一致"的原则:领取核销单、出口报关、收汇申报、出口收汇、出口核销的应为同一企业。
3. 收支两条线的管理原则:即进口付汇和出口收汇,严禁进行相互抵扣的结算方式,国家外汇管理实行进口与出口的分别管理办法。(贸易方式是"以进料对口"、"进料加工"可"以收抵支",核销时须提供进口货物报关单)
4. 进、出口报关均应以合同成交总价报关,收汇须以报关总价进行收汇。

二、出口收汇核销业务流程

出口收汇核销业务流程如图2-1所示。

三、出口单位出口核销备案登记

1. 申请材料

(1)单位备案申请书(见样本2-1);
(2)对外贸易经营者备案登记表或中华人民共和国外商投资批准证书或中华人民共和国台、港、澳、侨投资企业批准证书正本及复印件;
(3)企业法人营业执照(副本)或企业营业执照(副本)及复印件;
(4)中华人民共和国组织机构代码证正本及复印件;
(5)中华人民共和国海关进出口货物收发货人报关注册登记证书正本及复印件;
(6)外汇登记证(外商投资企业提供);

(7) 中国电子口岸 IC 卡(法人卡、操作员卡);

(8) 针对前述材料应当提供的补充说明材料。

以上复印件须加盖单位公章,复印件统一为 A4 规格。

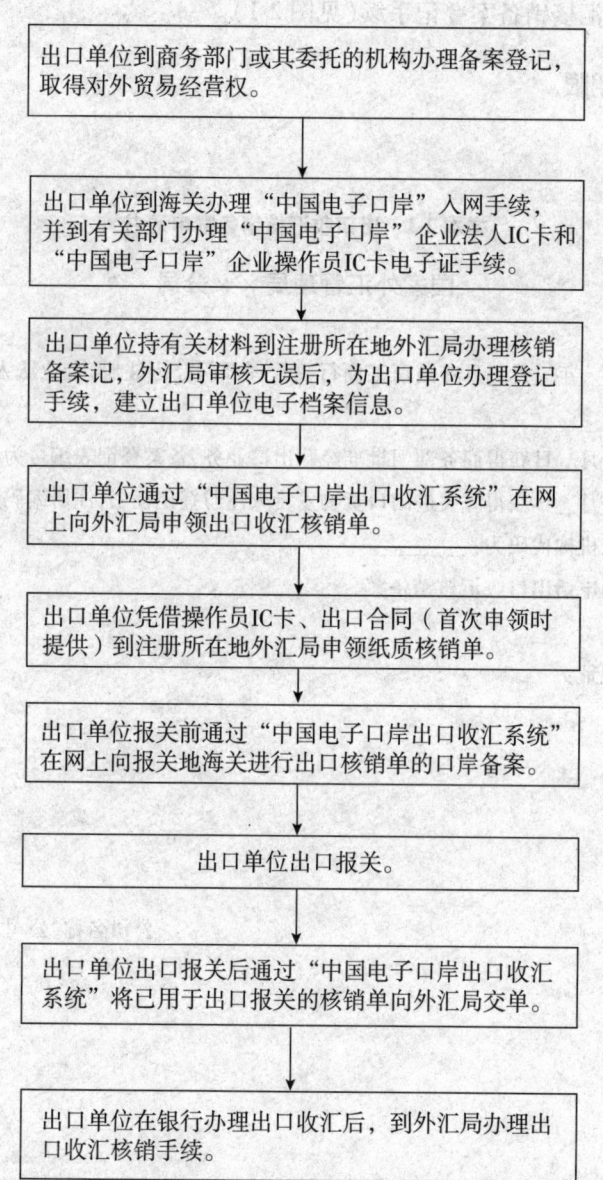

图 2-1　出口收汇核销业务流程

2. 办理流程

出口单位取得对外贸易经营权后,应当在办理中国电子口岸入网手续后,再办理出口收汇核销备案登记手续(见图2-1)。

3. 办理期限

即时办理。

样本2-1　出口收汇核销备案申请书

国家外汇管理局××分局

我公司于____年__月__日在国家工商行政管理部门登记注册,企业法人营业执照注册号为:

于____年__月__日获得商务部门批准经营出口业务,备案登记表编号为:_____

于____年__月__日获得海关进出口货物发货人注册登记证书,注册编码为:_____

我公司组织机构代码为:_____

特此向贵局申请出口收汇核销备案。

公司通讯地址:
联系人:
联系电话:

公司名称、公司章
年　月　日

四、出口单位领取出口收汇核销单

1. 申请材料

(1)中国电子口岸操作员 IC 卡;
(2)出口合同及复印件(仅初次领单时提供);
(3)证明经办人身份的居民身份证、单位授权证明或介绍信等证明材料;
(4)企业通过"口岸电子执法系统"发送的领取出口收汇核销单需求。

2. 办理流程

(1)出口单位到外汇主管部门领取核销单前,应当根据业务实际需要先通过"中国电子口岸出口收汇系统"向外汇主管部门提出领取核销单的份数,然后由本单位"中国电子口岸"企业操作员持上述材料(代领需提交单位授权证明)到外汇主管部门领取出口收汇核销单(见图2-2);
(2)领单时出口单位应办理书面签收手续。

3. 办理期限

即时办理。

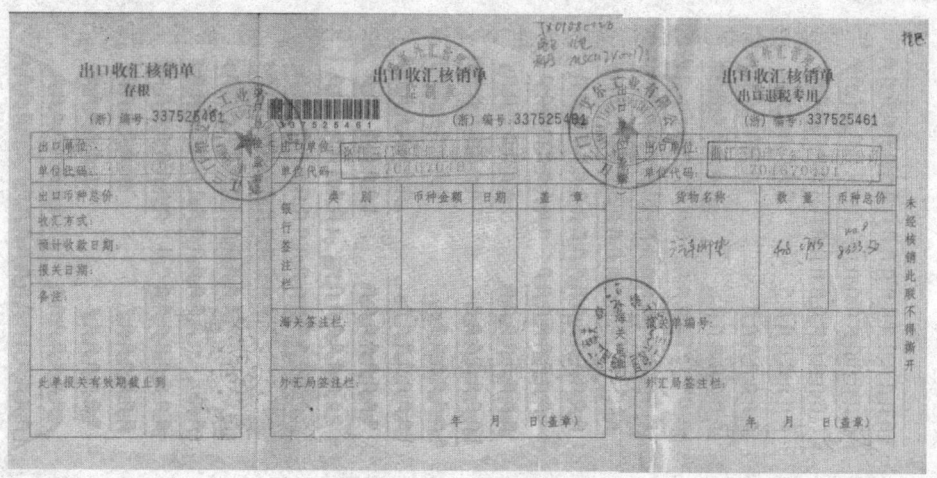

图 2-2 出口收汇核销单

企业第一次领取出口收汇核销单时,需提供出口贸易合同,领取的核销单长期有效,但应按需领用。

五、出口收汇核销单注销

1. 申请材料

(1)出口收汇核销单注销说明(加盖公司章、法人签字或盖章);
(2)通过"口岸电子执法系统"打印核销单情况为"退关"状态的界面(加盖公司章),提供全额退关情况;
(3)要注销的出口收汇核销单。

2. 办理期限

即时办理。

出口收汇核销单注销,是指发生全额退关、出口单位终止经营等情况。

六、空白出口收汇核销单挂失

1. 申请材料

(1)出口收汇核销单挂失说明(加盖公司章、法人签字或盖章);
(2)针对前述材料应当提供的补充说明材料。

2. 办理期限

即时办理。

七、出具出口货物报关情况证明

1. 申请材料

（1）书面申请报告（须注明核销单号、加盖公司章、法人签字或盖章）；

（2）税务部门出具的未退税或已补税证明（已收汇核销的提供）；

（3）填写进出口货物报关情况证明表（见表2-1）（在外汇局领取）；

（4）出口收汇核销专用联（复印件）；

（5）针对前述材料应当提供的补充说明材料。

2. 办理流程

（1）出口报关单（见样本2-2）遗失，但海关报关单电子数据储存期在1年以内的，直接向原签发海关申请补发。海关应直接调档予以打印补发，并在补发的报关单左上角批注"补办"字样，并加盖验讫章。

（2）若自进出口报关之日起未超过3年的进出口货物报关单电子数据储存期的，进出口单位持上述材料到外汇主管部门办理进出口货物报关单补办证明；外汇局核实后，在进出口货物报关情况证明表上签注外汇局意见，并加盖出口收汇核销监管业务章。

（3）进出口单位持外汇局签出的进出口货物报关情况证明表两联到报关单原签发海关办理相关手续，海关核实后，将有经办签字并加盖验讫章的进出口货物报关情况证明表第三联退该单位，用于办理收付汇及核销手续。

3. 办理期限

自受理申请之日起20个工作日内办理。

八、出口单位出口收汇核销

1. 申请材料

（1）出口收汇核销信息登记表（一式两联，加盖公章）。

表 2-1 进出口货物报关情况证明

编号：_____局(关)____年____号

进出口单位填写	单位名称：		经营单位代码：	
	预录入号		报关单号	
	进出口日期			
	商品名称		HS 编码	
	运抵国 （出口）		批准文号 （出口收汇核销单号）	
	数量及单位		币种	
	单价		总价	
	海关监管方式简称		监管方式代码	
	其他需说明事项： （加盖单位公章） 经办人签字：　　　　　日期：			
外汇局意见	 经办人签字：　　　　　日期：			
海关意见	 经办关员签字：　　　　　日期：			

第一联：外汇局留存

注：1. 本证明由外汇局及各海关自行印制，一式三联，外汇局、海关各留存一联，一联作为进出口单位办理收付汇及核销的凭证。

  2. 编号仅为查找方便而设，可按开具证明的外汇局、现场海关分别编号。

中华人民共和国海关出口货物报关单

预录入编号：04332676　　　　　　　　　海关编号：220320050535489100

出口口岸 浦东机场 2233	备案号		出口日期 2009-05-29	申报日期 2009-05-25
经营单位 上海东方进出口公司 3101109999	运输方式 航空运输	运输工具名称		提运单号 23514938781
发货单位 上海东方进出口公司 3101109999	贸易方式 一般贸易 0110		征免性质 一般征税（101）	结汇方式 电汇
许可证号	运抵国(地区) 土耳其 （137）		指运港 土耳其 （137）	境内货源地 上海浦东新区（31222）
批准文号 037295310	成交方式 FOB	运费	保费	杂费
合同协议号 IEB00141-7	件数 5	包装种类 纸箱	毛重(公斤) 284	净重(公斤) 250
集装箱号 0	随附单据			生产厂家
标记唛码及备注				

项号	商品编号	商品名称、规格型号	数量及单位	最终目的国(地区)	单价	总价	币制	征免
1	4303900090 （0） 800PCS	皮毛毯（羊皮）	250.000 千克 0.000 250.000 千克	土耳其 （137） 用途	103.0000	25750.00	USD 美元	照章征税

税费征收情况	

录入员　　录入单位	兹声明以上申报无讹并承担法律责任	海关审单批注及放行日期(签单)
		审单　　　　审价
报关员		征税　　　　统计
单位地址	申报单位(签章) 上海中创国际集装箱储运有限公司	查验　　　　放行 签发官员：王兰
邮编　　电话	填制日期	签发日期：2009-05-29

样本 2-2　出口报关单

(2)出口单位进行出口收汇核销报告时,应按下列规定提供核销凭证:

1)以"一般贸易"、"进料非对口"、"有权军事装备"、"无权军事装备"、"对台贸易"方式出口的,提供核销单、报关单、核销专用联。

2)以"易货贸易"方式出口的,提供核销单、报关单,属全额易货的应提供易进货物的进口报关单;部分易货的还应提供核销专用联以及易进货物的进口报关单。

3)以"来料加工"、"来料深加工"方式出口的,提供核销单、报关单、核销专用联。

4)以"补偿贸易"方式出口且合同规定以实物形式补偿的,提供核销单、出口报关单以及相应的进口报关单,出口报关单金额大于进口报关单金额时还应提供核销专用联。

5)以"进料对口"、"进料深加工"、"三资进料加工"方式出口的,全额收汇的,提供核销单、报关单、核销专用联;同一合同项下的出口首次进行抵扣核销报告时,还应提供经商务主管部门核准的加工合同;合同发生变更或终止执行时,还应提供有关的证明材料;以"进料深加工"方式出口且转入方以"进料深加工"方式进口的,提供经商务部门核准的加工合同、核销单、报关单、核销专用联;以人民币计价结算的,提供人民币入账凭证和进口报关单。

6)以"货样广告品A"方式出口的,提供核销单、报关单,收汇核销的提供销专用联。

7)以"对外承包出口"方式出口的,提供核销单、报关单及核销专用联。

8)以"退运货物"方式出口的,提供核销单、出口报关单、进口报关单,对于已经办理付汇手续的退运货物还应当提供核销专用联。

9)以"进料料件复出"、"进料边角料复出"方式出口的,收汇核销的提供核销单、报关单、核销专用联;不收汇的提供核销单、报关单、注明"进料对口"或"进料深加工"等方式的进口报关单。

10)以"进料料件退换"方式出口的,有收汇的提供核销单、报关单及核销专用联;不收汇的提供核销单、出口报关单及进料加工类的进口报关单。

11)以"对台小额"方式出口的、现汇结算的,提供核销单、报关单及核销专用联及加盖对台公司公章的出口专用发票(注明对台小额贸易出口收入);以外币现钞结算的,提供核销单、报关单、外币现钞结汇水单和购货发票及加盖对台公司公章的出口专用发票;以人民币结算的,提供核销单、报关单、人民币入账证明及加盖对台公司公章的出口专用发票。

12) 以"保税工厂"、"出料加工"方式出口的,收汇的提供核销单、报关单及核销专用联;加工后货物运回且不收汇的提供核销单、出口报关单及相应的进口报关单。

13) 以"租赁贸易"和"租赁不满一年"方式出口的,提供核销单、报关单,如外商为承租方的,应提供核销专用联,如收回的租金不足核销的,还应提供进口报关单;如我方为承租方的,应提供进口报关单电子底账打印件,并加盖银行业务印章。

14) 以"寄售代销"方式出口的,提供核销单、报关单及核销专用联,不能全额收汇的,还应提供寄售代销确认书。

15) 以"边境小额"出口、现汇结算的,提供核销单、报关单、核销专用联;以外币现钞结算的,提供核销单、报关单、外币现钞结汇水单、购货发票;以人民币结算的,提供核销单、报关单、人民币入账证明(在境外贸易机构已开立人民币边境贸易结算专用账户的地区,可以提供境内人民币资金划转证明);以毗邻国家货币结算的,提供核销单、报关单、经海关核验的携带毗邻国家货币现钞入境的申报单或汇入汇款证明;以易货方式结算的,提供核销单、出口报关单、进口报关单;通过境内居民个人汇款收回外汇货款的,提供报关单、核销单、出口收汇核销专用结汇水单。

16) 以"一般贸易"方式报关的包机贸易出口、现汇结算的,提供核销单、报关单、核销专用联;以外币现钞或个人汇款结算的,提供核销单、报关单、购货发票及外币现钞结汇水单或个人汇入汇款结汇水单;以人民币结算的,提供核销单、报关单及人民币入账证明。

17) 以其他海关贸易监管方式出口的,按外汇局及有关部门的规定提供相关凭证。

2. 办理流程

(1) 出口单位应在报关出口后,及时通过"中国电子口岸出口收汇系统"将已用于出口报关的核销单向外汇主管部门交单;

(2) 出口单位交单5个工作日后,应通过"出口收汇核销网上报审系统"进行出口收汇核销(首次核销前须到外汇局开通),然后持打印的核销报表到外汇主管部门确认;无法在网上核销的业务,持规定的核销凭证及出口收汇核销表到外汇主管部门办理核销手续；

（3）外汇局审核出口单位提供的核销凭证时，对凭证齐全、数据无误且出口与收汇或进口差额未超过规定标准的，根据不同贸易方式予以核销；对出口与收汇或进口差额超过规定标准的，外汇局应当在审核规定的差额证明材料无误后为出口单位办理差额核销；对出口与收汇或进口差额超过规定标准且未能提供规定的差额证明材料的，符合有关规定的予以差额备查，不符合备查条件且超过规定的核销期限的纳入逾期未核销管理。

3. 办理期限

自受理申请之日起20个工作日内办理。

九、出口单位出口收汇差额核销、核销备查核准

1. 出口单位出口收汇差额核销核准

（1）申请材料

1）出口单位差额核销说明函（法人代表签字并加盖单位公章）。

2）出口合同。

3）出口货物报关单。

4）出口收汇核销单。

5）出口收汇核销专用联（部分收汇时提供）。

6）出口单位按照以下产生出口收汇差额的不同原因分别提供相应的证明材料：

①因国外商品市场行情变动产生差额的，提供有关商会出具的证明或有关交易所行情报价资料；

②因出口商品质量原因产生差额的，提供进口商的有关函件和进口国商检机构的证明。由于客观原因无法提供进口国商检机构证明的，须提供进口商的检验报告、相关证明材料和出口单位的书面保证函；

③因动物及鲜活产品变质、腐烂、非正常死亡或损耗产生差额的，提供进口商的有关函件和进口国商检机构的证明。由于客观原因确实无法提供商检证

明的,须提供进口商有关函件、相关证明材料和出口单位的书面保证函;

④因自然灾害、战争等不可抗力因素产生差额的,提供报刊等官方正式新闻媒体的报道材料或我国驻进口国使领馆商务处出具的证明;

⑤因进口商倒闭产生收汇差额的,提供报刊等官方正式新闻媒体的报道材料或我国驻进口国使领馆商务处出具的证明;

⑥因进口国汇率变动产生差额的,提供报刊等官方正式新闻媒体刊登的汇率资料;

⑦因溢短装产生差额的,提供提单或其他正式货运单证等商业单证;

⑧因其他原因产生差额的,提供外汇局认可的有效凭证。

7)针对前述材料应当提供的补充说明材料。

(2) 办理流程

外汇主管部门按照分级授权的原则办理;外汇局办理完有关手续后在"企业已核销情况查询表"上加盖"已核销"章,同时留存全套单据。

(3) 办理期限

自受理申请之日起 20 个工作日内办理。

2. 核销备查核准

(1) 申请材料

出口单位办理出口收汇核销备查报告时,除提供经法人代表签字并加盖单位公章的书面申请外,还须提供下列证明材料:

1)外汇局已下达处罚决定书(处罚备查):外汇检查处罚决定书、外汇局要求的其他材料;

2)海关、检察院、法院等部门已结案裁决(结案备查):法院判决书或相关部门提供的有关文件、逾期数据清单、外汇局要求的其他材料;

3)经法院、工商行政管理部门确认破产、倒闭(注销备查):法院裁定书或工商局吊销、注销营业执照证明、逾期数据清单、外汇局要求的其他材料;

4)经主管部门证明出口单位连续两年以上不发生出口业务而又未办理注销、吊销营业执照手续,经核实确无下落(注销备查):主管部门证明材料、逾期数据清单、外汇局要求的其他材料;

5)由于客观原因无法提供差额核销所需证明材料(差额备查):经法人代表签字并加盖单位公章的差额备查担保函以及外汇局要求的其他材料。

(2) 办理流程

外汇主管部门按照分级授权的原则办理；办理完有关手续后在备查查询表上加盖"已核销"章，同时留存全套单据。

(3) 办理期限

自受理申请之日起 20 个工作日内办理。

出口收汇核销专用联（以下简称核销专用联），是指银行出具的出口单位凭以办理出口收汇核销手续的出口收汇核销专用结汇水单或出口收汇核销专用收账通知。

十、出口单位境外收汇过户核准

1. 需要符合的条件

收汇过户需要符合以下条件之一：
(1) 合同执行中更改合同执行人；
(2) 经批准的总、子（分）公司关系；
(3) 跨国公司的集中收付汇等情况造成出口人与收汇人不一致的情况。

2. 申请材料

(1) 出口单位境外收汇过户申请（加盖公司章、法人签字或盖章）；
(2) 出口收汇相关协议；
(3) 出口合同；
(4) 核销专用联；
(5) 出口货物报关单、出口收汇核销单、涉外收入申报单；
(6) 针对前述材料应当提供的补充说明材料。

3. 办理流程

(1) 因专营商品、更改合同条款或经批准的总、子（分）公司关系等发生收

汇单位与核销单位不一致的,经外汇主管部门批准后可办理境外收汇过户手续,以便出口单位办理核销;

(2)每笔境外收汇过户均按照分级授权管理原则办理;外汇局办理完有关手续后应在出口收汇核销专用联上签注过户情况并加盖出口收汇核销监管业务章。

4. 办理期限

自受理申请之日起20个工作日内办理。

境外收汇是指出口单位从境外收回的出口货款。

十一、出口单位远期收汇备案

1. 申请材料

(1)出口单位远期收汇备案申请书(加盖公司章、法人签字或盖章);
(2)远期收汇备案证明(加盖公司章、法人签字或盖章);
(3)远期收汇出口合同或协议(复印件、加盖公司章);
(4)出口收汇核销单(复印件、加盖公司章);
(5)出口货物报关单(复印件、加盖公司章);
(6)针对前述材料应当提供的补充说明材料。

2. 办理流程

对预计收汇日期超过报关日期180天以上(含180天)的,出口单位应当在货物报关出口后60天内进行网上交单并凭上述材料到外汇主管部门办理远期收汇备案手续;外汇主管部门审核出口单位提供的材料无误后,为出口单位签发"远期收汇备案证明"。

3. 办理期限

自受理申请之日起20个工作日内办理。

十二、出口单位出口退赔外汇核准

1. 申请材料

（1）未出口报关但已预收全部或部分货款后,合同因故终止执行的,提供：

1）书面退赔外汇申请（加盖公司章、法人签字或盖章）；

2）出口合同；

3）终止执行合同证明或退赔协议；

4）出口收汇核销专用联或银行出具的未向企业出具核销专用联的证明函,或银行出具的收汇凭证；

5）涉外收入申报单。

（2）已出口收汇未办理核销的,提供：

1）书面退赔外汇申请（加盖公司章、法人签字或盖章）；

2）出口合同；

3）退赔协议或相关证明材料；

4）核销单、出口报关单、出口收汇核销专用联；

5）若为退货赔付的,还应提供加盖海关"验讫章"并注明"退运货物"字样的进口报关单。

（3）已出口收汇且已办理核销的,提供：

1）书面退赔外汇申请（加盖公司章、法人签字或盖章）；

2）出口合同；

3）退赔协议或相关证明材料；

4）核销单退税专用联正本或税务部门出具的未退税（或已补税）证明；

5）涉外收入申报单；

6）若为退货赔付的,还应提供注明"退运货物"字样的进口报关单。

（4）境外将货款错汇入境内未核销的,提供：

1) 书面退赔外汇申请(加盖公司章、法人签字或盖章);
2) 外方要求的退汇函件;
3) 出口收汇核销专用联或银行出具的收汇凭证;
4) 银行出具的未向企业出具核销专用联的证明函;
5) 涉外收入申报单。

2. 办理流程

出口项下发生退赔需向进口商支付外汇的,出口单位应当持规定的材料向外汇主管部门申请,外汇局审核真实性后,冲减出口单位的出口收汇实绩并签发"已冲减出口收汇/核销证明",银行凭该证明为出口单位办理退赔外汇的售付汇手续。对提供进口报关单的,外汇局按规定在"中国电子口岸进口付汇系统"中对相应的进口报关单进行核注、结案。

3. 办理期限

自受理申请之日起20个工作日内办理。

十三、"关注企业"名单内的出口企业办理贸易结汇

1. 审核材料

(1) 出口企业的情况说明(加盖公司章、法人签字或盖章);
(2) 针对上述说明应当提供的补充证明材料。

2. 办理流程

"关注企业"名单内的出口企业在办理贸易结汇时,银行要求外汇局核准的,出口企业应持上述材料到外汇主管部门审核。

3. 办理期限

自受理申请之日起20个工作日内办理。

外汇局按年度对收汇单位进行考核,收汇单位存在下列情况之一的,列入结汇"关注企业"名单:

(一)一年内贸易项下的收汇与同期贸易项下应收汇总额相差10%以上的(含10%);

(二)一年内因违反外汇管理规定受到外汇局处罚的;

(三)根据信用记录、开业期限等,外汇局认为应列入"关注企业"名单的。

十四、出口收汇核销网上报审服务系统企业端常见问题解答

1. 出口企业怎样申请开办网上核销业务?

答:出口企业按规定办理了出口收汇核销备案登记并具备运行出口收汇核销网上报审服务系统的条件后,可自愿向注册地外汇局申请开办网上核销业务。

2. 什么情况下外汇局可暂停或终止出口企业的网上核销业务?

答:出口企业出现以下情况的,外汇局应暂停或终止其网上核销业务:

(1)出口企业根据自身业务情况,向外汇局申请暂停或终止网上核销业务。

(2)对篡改从外汇局网站提取的电子数据和恶意攻击外汇局网站的出口企业,外汇局应立即取消其网上核销资格,情节严重的追究其相关责任。

(3)出口企业违反网上核销管理规定或出现其他特殊情况的。

被撤销网上核销资格的出口企业,应继续按照原有方式办理出口收汇核销手续。

3. 什么是自动审核?

答:自动审核指外汇局端网上报审信息审核子系统对企业报送的批次报审数据自动进行一致性、合规性检查,通过检查且符合相关条件的数据转入出口收汇核报系统,自动完成核销审核。一般情况下,企业无须到外汇局现场办理

核销手续。

4. 自动审核的条件是什么？

答：自动审核有以下 4 项条件：

(1) 基本条件：

①该企业为符合外汇局管理要求，系统已设置允许对其实行自动审核的企业；

②报审涉及的均为本企业的单证数据；

③报审数据中无企业补录信息；

④没有收汇日期在出口收汇核报系统启用之前的收汇数据；

⑤满足足额收汇的条件。

(2) 需全额收汇的业务：$-2000 \times N \leq$ 成交总价累计 $-$ 本次核销额累计 $-$ 汇率差累计 $\leq 500 \times N$（其中 N 是核销单份数），且（成交总价累计 $-$ 本次核销额累计 $-$ 汇率差累计）与成交总价累计额之比率不超过 $\pm 5\%$。

(3) 来料加工项：合同已备案，本核销批次尚不办理合同结案，且本次收汇比率不超过合同收汇比率的 $\pm 5\%$。

(4) 进料加工项下：

①全额收汇（不管是否按合同管理）；

②合同已备案，本核销批次尚不办理合同结案，且本次收汇比率不超过合同收汇比率的 $\pm 5\%$。

注：1. 办理抵扣业务均须到外汇局现场办理。

2. 逐笔报审的业务均须到外汇局现场办理，不能自动审核。

5. 哪些企业可实行自动审核？

答：外汇局对符合以下条件的出口企业设置自动审核标志：

(1) 上年度出口收汇考核为非"高风险（D 级）"企业；

(2) 近两年没有违反外汇管理规定的行为；

(3) 具备网上核销资格；

(4) 外汇局规定的其他条件。

6. 什么情况下外汇局将取消网上核销企业的自动审核资格？

答：网上核销企业出现以下情况的，外汇局将取消其自动审核资格：

(1)出口企业上年度出口收汇考核为高风险(D级)企业;

(2)有违反外汇管理规定的行为。

7. 出口收汇核销网上报审系统的操作中,何时须要连接到互联网?

答:在系统注册、在线登录并登录成功后进行数据提取及数据报送的操作过程中,均要求计算机已连接到互联网;其他操作无须连接到互联网。

8. 关联报审数据时,为什么没有核销单数据?

答:出口企业应按以下情况进行判断、分析和操作:

(1)是否初次使用系统?如果是,请按照操作指南进行数据下载操作,下载全部数据和折算率数据后再进行关联报审。

(2)所需要核销的核销单是否在中国电子口岸系统进行了网上交单的操作?如果没有,请先进行网上交单的操作。一般网上交单后的数据需要3~5天的时间才能从外汇局的服务器上下载,只有下载了数据才能进行关联报审。

(3)在关联数据时选择的贸易方式是否正确?系统在处理关联业务时,只显示已选择的贸易方式项下的核销单数据。

(4)是否在进行来料加工或进料抵扣关联业务时选择合同号?系统在处理这两类业务时,如果选择了合同号,将只能看到此合同项下的核销单数据。

注:请注意合同号的大小写及特殊符号的全角或半角的区别,可在核销单查询功能中查询核销单的合同号是否与合同信息补录入中的合同号完全一致。

9. 在关联报审数据时,为什么没有收汇数据?

答:出口企业应按以下情况进行判断、分析和操作:

(1)是否初次使用系统?如果是,请按照操作指南进行数据下载操作,下载全部数据和折算率数据后再进行关联报审。

(2)收汇数据是收汇银行通过国际收支申报系统上传到外汇局,此过程需5~7天的时间,因此企业可向收汇银行查询此笔收汇数据是否已进行申报。

(3)对不需办理国际收支申报且可出具核销专用联的,以及福费廷、出口保理、买方信贷等在国际收支申报之前需要核销的收汇,企业可凭银行出具的核销专用联通过出口收汇核销网上报审服务系统自行补录入。

(4) 如果收汇银行确认已申报超过一个月仍未能下载相关收汇数据,请与当地外汇局联系。

10. 为什么没有进口报关单数据?在哪里补录入进口报关单数据?

答:由于目前外汇局未能从有关部门取得进口报关单数据,因此企业必须在系统功能"补录入信息申报"项下的"进口信息管理"逐笔将用于抵扣的进口报关单数据一次性进行补录入。补录入后企业可进行核销关联报审,补录入的数据应随关联报审数据一并上报外汇局。

11. 为什么没有加工贸易合同数据?在哪里补录入加工贸易合同数据?

答:由于目前外汇局未能从有关部门取得加工贸易合同数据,因此企业必须在系统功能"补录入信息申报"项下的"加工合同管理"逐项将用于网上报审的合同数据一次性进行补录入,补录入的合同可用于核销报审数据关联。补录入的合同数据应上传到外汇局。

12. 当发现加工合同或进口报关单补录入的数据有错时应如何处理?

答:如果这些补录入的数据尚未报送,可在"补录入信息申报"功能项下的"加工合同管理"或"进口信息管理"项中进行修改。具体的修改方法为:找到并选中录入错误的合同或进口报关单,按界面中"修改"按钮进行修改;如果是合同号录入错误,请将该合同删除并重新补录入一个正确的合同。如果错误的合同数据或进口报关单数据已经报送到外汇局,请及时与外汇局联系。

13. 如果一笔收汇数据的金额很大,一次核销关联报审用不完,剩余金额应如何处理?

答:出口收汇核销网上报审系统允许企业对某一笔收汇数据进行分次核销。具体操作是在关联数据界面的银行收汇信息栏目中,在本次核销金额或折美元栏输入本次要核销的金额。其剩余金额可在下笔报审中继续使用。

14. 如果一份进口报关单的金额很大,一次核销关联报审用不完,剩余金额应如何处理?

答:出口收汇核销网上报审系统允许企业对某一份进口报关单进行分次核销。具体操作是在关联数据界面中的进口报关单信息栏目中,在本次抵扣金额或折美元栏输入本次要抵扣的金额。其剩余金额可在下笔报审中继续使用。

15. 差额核销业务,应采用何种方式报审?

答:如果差额核销业务不是加工贸易项下,应采用逐笔报审方式进行报审;如果差额核销业务是加工贸易项下,应采用来料加工批次报审或进料加工批次报审方式进行报审。

16. 足额收汇核销业务,应采用何种方式报审?

答:应采用批次报审方式进行报审,加工贸易项下除外。

17. 来料加工核销业务,应采用何种方式报审?

答:应采用来料加工批次报审方式进行报审。

18. 进料加工核销业务,应采用何种方式报审?

答:进料加工不管全额收汇核销还是抵扣核销,均应采用进料加工批次报审方式进行报审。

19. 为什么合同的收汇比例显示为零?

答:因为企业没有下载该合同签订日期对应的折算率。

20. 为什么进口报关单的进口金额折美元显示为零?

答:因为企业没有下载该份进口报关单的进口日期对应的折算率。

21. 合同备案要到外汇局现场办理吗?

答:在外汇局未能从有关部门取得加工贸易合同数据的情况下,企业通过出口收汇核销网上报审系统向外汇局报送加工贸易合同的补录入数据后,仍须凭合同正本及海关手册到外汇局办理备案手续。

22. 如何办理合同结案？

答：企业可在该合同项下进行最后一个批次的核销报审时，通过数据关联界面向外汇局进行合同终止报告；也可以通过合同管理界面向外汇局进行单个合同的终止报告，并到外汇局现场办理合同结案手续；或不通过合同管理界面申报结案，直接到外汇局现场办理。

23. 用于抵扣的进口报关单需要进行核注、结案吗？

答：用于抵扣的进口报关单仍须通过中国电子口岸系统进行核注、结案处理。

24. 企业如发现下载的核销单信息数据或银行收汇数据有误，在纸质凭证正确的情况下，可否自行修改？

答：企业不能自行修改从外汇局下载的业务数据。如发现下载的核销单信息数据或银行收汇数据有误，应到海关办理出口报关数据更改手续，或到收汇银行办理涉外收入申报数据更正手续，然后再下载正确的数据进行报审。

25. 分批收汇，差额备查，退赔款，境外收汇过户，远期收汇备案，领取纸质核销单及核销单注销、挂失等业务可否通过出口收汇核销网上报审系统进行报审？

答：不能。上述业务应由企业派员到外汇局现场办理。

26. 企业如发现企业端软件查询的核销单或收汇数据的金额或状态与实际情况不符，应如何处理？

答：企业应及时与当地外汇局联系，确认该笔核销单或收汇数据在外汇局业务系统中的状态是否正确，确认无误后，使用企业端软件的"单笔数据更新"功能更新该笔核销单或收汇数据的状态。如果数据仍然没有更新，可使用"补充发放数据同步请求"功能，但这一功能需要隔天才能更新数据。

27. 企业报审的数据经外汇局审核通过后，应如何处理？

答：企业提取外汇局发布的核销公告信息后，系统自动将该报审批次的状态设置为"已核销",同时将相关的核销单、收汇数据的状态及各项内容作相应更新。企业可视相关规定将相应的出口收汇核销单退税联送到外汇局加盖"已核销"章,以便办理出口退税业务。

28. 企业报审的数据经外汇局审核不通过后,应如何处理?

答:企业提取外汇局发布的核销公告信息后,系统自动将该报审批次的状态设置为"正处理",企业应根据外汇局反馈的审核不通过原因修改关联数据后,重新上报。

29. 核销数据关联成功后,如何打印核销登记表?

答:在企业端软件的"正处理业务"、"待报审业务"、"已报审业务"、"已核销业务"四项业务办理的界面中,均有预览打印的功能,供企业打印核销登记表。建议在"已报审业务"界面打印核销登记表。

30. 打印核销登记表用何种打印机及打印纸?

答:系统没有规定具体的打印机型号,只要是当前电脑的默认打印机及A4纸即可。

31. 企业在报送数据过程中,如因网络故障等原因出现异常中断应如何处理?

答:企业可在网络恢复正常的情况下,利用系统的数据报送功能将相关数据重新向外汇局报送。

32. 是否可以在一台计算机上安装多个企业的出口收汇核销网上报审服务系统?

答:不能。为了保证企业数据的安全性、唯一性及防止冲突,一台计算机只能安装一家企业的出口收汇核销网上报审服务系统。

33. 为什么在系统初始化和在线登录时,系统会提示"无效的用户,不能登录本系统"?

答:企业网上报审子系统在初始化和在线登录时,要与外汇局服务器进行数据验证,因此企业的电脑必须能正常地连接到互联网。请确认:

(1)电脑是否可以正常上网?

(2)电脑是否安装了防火墙软件?如果安装了防火墙软件且关闭该软件后可以使用系统,请打开或添加防火墙软件中的7001和7002两个端口。

(3)电脑上网是否采用代理服务器方式?如果采用了代理服务器方式,请在弹出代理服务器设置窗口时设置代理服务器参数。

(4)是否仅在同一台电脑上安装?

(5)电脑的操作系统是否是Windows2000或WindowsXP,浏览器是否是5.5或以上?

(6)是否安装了两个数字证书和软盘认证介质?

(7)如果外汇局修改了服务器IP地址,将会及时通知所有网上核销企业。企业应按照通知要求,离线进入系统,在"系统设置"的"应用服务器设置"中输入正确的应用服务器IP地址。

34. 在登录系统时出现系统升级,应如何处理?

答:系统推广后,外汇局将根据企业的相关建议对系统加以改进和优化,因此会不定期进行系统升级更新,最大限度地方便企业核销员的操作。当有新的升级版本发布时,登录系统后,程序会自动提醒您升级,请按"升级"按钮,进行系统升级。升级成功后,在下一次升级版本出现之前,系统不会再弹出升级的界面。如果升级没有成功,当您再次登录时系统会继续弹出"版本升级"的界面。另外,升级不会造成原有数据的丢失及更改。

35. 企业如重新安装出口收汇核销网上报审服务系统,应如何处理?

答:企业应尽量避免重新安装出口收汇核销网上报审服务系统。如确有需要,应注意以下事项:

(1)尽可能使用同一台计算机重装该系统。如确需使用另一台计算机安装的,企业必须先与软件技术服务公司联系。

(2)重装前,应先将原安装目录下的Debark文件夹内的DataBAK.bpk文件复制到桌面上或"我的文档"内,并妥善保存该备份文件。

(3)成功重装后可将原备份的数据放回到原安装目录下的Debark文件夹内,选择"覆盖"方式,并在系统中选择"还原数据库"功能恢复数据。

(4)如上述数据库已损坏,企业重装成功后必须从外汇局服务器重新提取全部数据。切不可使用过时的数据库进行数据恢复操作,以免造成数据混乱。

(5)企业重新安装系统后第一次进行核销数据关联操作前,必须以"在线登录"方式进入系统。

36. 使用网上核销系统后,批次核销是否受一个批次 50 份核销单的限制?

答:不受一个批次 50 份核销单的限制,但建议企业一个批次的核销单数控制在 100 份左右较为合适。

十五、出口报关核销单的使用

出口单位到海关报关前,应当通过"中国电子口岸出口收汇系统"向报关地海关进行核销单的口岸备案。

出口单位填写核销单应当准确、完整,并与出口收汇报关单证明联(以下简称报关单)上记载的有关内容一致。

出口单位报关时应当如实向海关申报成交方式,按成交方式申报成交价格、数量、运费、保费以及加工贸易合同协议号等内容,保证报关数据的真实性和完整性。

对监管方式为需要使用核销单报关出口的,海关应当审核出口单位提交的核销单和其他报关材料,并核对核销单电子底账无误后,为出口单位办理通关手续。

海关为出口单位办理通关手续时,应当在核销单"海关核放情况"栏加盖"验讫"章,并对核销单电子底账数据进行"已用"核注,结关后应由出口单位向海关申请签发注有核销单编号的报关单,同时将核销单电子底账的核注情况和报关单电子底账等数据通过"中国电子口岸"数据中心传送至国家外汇管理局。

海关签发报关单时,核销单号码和报关单号码应当一一对应。

出口单位在报关出口后通过"中国电子口岸出口收汇系统"将已用于出口报关的核销单向外汇局交单。

在报关时,目前仅有 26 种贸易方式是需要使用核销单的,有 62 种不需要。[①] 具体内容如表 2-2 所示。

表 2-2　进出口货物监管方式与出口收汇核销对应关系分类表

需要使用出口收汇核销单的监管方式	不需要使用出口收汇核销单的监管方式
1. 一般贸易(代码 0110)	1. 来料以产顶进(代码 0243)
2. 易货贸易(代码 0130)	2. 来料料件内销(代码 0245)
3. 来料加工(代码 0214)	3. 来料余料结转(代码 0258)
4. 来料深加工(代码 0255)	4. 来料成品减免(代码 0345)
5. 补偿贸易(代码 0513)	5. 加工设备内销(代码 0446)
6. 进料对口(代码 0615)	6. 加工设备结转(代码 0456)
7. 进料深加工(代码 0654)	7. 进料以产顶进(代码 0642)
8. 货样广告品 A(代码 3010)	8. 进料料件内销(代码 0644)
9. 对外承包出口(代码 3422)	9. 来料料件复出(代码 0265)
10. 有权军事装备(代码 3910)	10. 来料料件退换(代码 0300)
11. 无权军事装备(代码 3939)	11. 加工设备退运(代码 0466)
12. 边境小额(代码 4019)	12. 不作价设备(代码 0320)
13. 对台小额(代码 4039)	13. 加工贸易设备(代码 0420)
14. 退运货物(代码 4561)	14. 保区进料成品(代码 0444)
15. 进料料件复出(代码 0664)	15. 保区来料成品(代码 0445)
16. 进料料件退换(代码 0700)	16. 保区进料料件(代码 0544)
17. 进料非对口(代码 0715)	17. 保区来料料件(代码 0545)
18. 进料边角料复出(代码 0864)	18. 货样广告品 B(代码 3039)
19. 对台贸易(代码 1110)	19. 无代价抵偿(代码 3100)
20. 保税工厂(代码 1215)	20. 其他进口免费(代码 3339)
21. 出料加工(代码 1427)	21. 承包工程进口(代码 3410)
22. 租赁不满一年(代码 1500)	22. 援助物资(代码 3511)
23. 租赁贸易(代码 1523)	23. 无偿军援(代码 3611)
24. 寄售代销(代码 1616)	24. 捐赠物资(代码 3612)
25. 三资进料加工(代码 2215)	25. 驻外机构运回(代码 4200)
26. 旅游购物商品(代码 0139)	26. 驻外机构购进(代码 4239)
	27. 来料成品退换(代码 4400)
	28. 直接退运(代码 4500)
	29. 进口溢误卸(代码 4539)

---

① 参见国家外汇管理局、海关总署《关于按照进出口货物监管方式分类使用出口收汇核销单的通知》(汇发[2001]120 号)。

续表

需要使用出口收汇核销单的监管方式	不需要使用出口收汇核销单的监管方式
	30. 进料成品退换(代码 4600)
	31. 料件进出区(代码 5000)
	32. 区内加工货物(代码 5015)
	33. 区内仓储货物(代码 5033)
	34. 成品进出区(代码 5100)
	35. 区内边角调出(代码 5200)
	36. 设备进出区(代码 5300)
	37. 境外设备进区(代码 5335)
	38. 区内设备退运(代码 5361)
	39. 进料余料结转(代码 0657)
	40. 进料成品减免(代码 0744)
	41. 低值辅料(代码 0815)
	42. 进料边角料内销(代码 0844)
	43. 来料边角料内销(代码 0845)
	44. 来料边角料复出(代码 0865)
	45. 国轮油物料(代码 1139)
	46. 保税仓库货物(代码 1233)
	47. 保税区仓储转口(代码 1234)
	48. 免税品(代码 1741)
	49. 外汇商品(代码 1831)
	50. 合资合作设备(代码 2025)
	51. 外资设备物品(代码 2225)
	52. 常驻机构公用(代码 2439)
	53. 陈列样品(代码 2939)
	54. 海关处理货物(代码 9639)
	55. 后续补税(代码 9700)
	56. 租赁征税(代码 9800)
	57. 留赠转卖物品(代码 9839)
	58. 暂时进出口货物(代码 2600)
	59. 展览品(代码 2700)
	60. 其他(代码 9900)
	61. 修理物品(代码 1300)
	62. 其他贸易(代码 9739)

十六、出口收汇核销应用案例

1. 通过国家外汇管理局网上申报系统获得银行给予的申报回单

申报回单见样本2-3。

样本2-3 申报回单

国家外汇管理局网上申报系统   页码：1/1

当前位置：申报单管理→涉外收入申报→已申报（已审核）详细信息
申报号码 31000 0001 01 098341 P091

银行	中国银行股份有限公司上海市分行		银行业务编号	TS03A3607909/09
收款人				
对私 居民 非居民	个人身份证件号码		组织机构代码	53136692-1
收款人名称	上海东方商务有限公司			
结算方式	信用证 托收 保函 电汇 票汇 信汇 其他			
其中：	收入款币种及金额	EUR 2410	结汇汇率	0.00000000
	结汇金额	0	账号/银行卡号	
	现汇金额	2410	账号/银行卡号	800103293319125015
	其他金额	0	账号/银行卡号	
	国内银行扣费币种及金额	0	国外银行扣费币种及金额	0
付款人名称	SILU PACKAGING SERVICES			
付款人常驻国家/地区代码及名称	SGP 新加坡共和国		申报日期	2009-06-01
如本笔款为预收货款、退款，请选择	预收货款 退款		是否为出口核销项下收汇	
如本笔款项为外债提款，请填写外债编号				

交易编码	相应币种及金额	交易附言
101010	USD 10865	一般贸易化工产品
	USD	

填报人员信息	填报人	张红	填报人电话		填报日期	2009-06-01
银行柜员信息	经办人	周鑫	经办人电话	63859630	经办日期	2009-06-01

企业意见	
银行意见	审核通过
外汇局意见	

2. 收集出口收汇核销单和出口报关单到外汇管理局核销

出口收汇核销单见样本2-4。

样本2-4　出口收汇核销单（填好后）

出口收汇核销单 存根 编号：057099208	出口收汇核销单 057099208 编号：057099208	出口收汇核销单 出口退税专用 编号：057099208
出口单位：上海东方商务有限公司 单位代码：53136692-1 出口币种总价：EUR2410 收汇方式：电汇 预计收款日期：2009-06-01 报关日期：2009-05-27 备注： 上海快件　2244 此单报关有效期截止到	（出口单位盖章）（银行签注栏） 出口单位： 单位代码： 类别｜币种金额｜日期｜盖章 海关签注栏： 外汇局签注栏： 　　年　月　日（盖章）	（海关盖章） 出口单位：上海东方商务有限公司 单位代码：53136692-1 货物名称｜数量｜币种总价 特高性能精细磁体｜1 CARTON｜EUR 2410 报关单编号： 222420090949311212 外汇局签注栏： 　　年　月　日（盖章）

（未经核销此联不得撕开）

出口报关单见样本2-5。

样本2-5 出口报关单

出口收汇联

中华人民共和国海关出口货物报关单

预录入编号：949311212　　　　　　　海关编号：28440090949311212

出口口岸 上海快件 2244	备案号	出口日期 2009-05-27	申报日期 2009-05-18
经营单位 上海东方商务有限公司 3122210613	运输方式 航空运输	运输工具名称	提运单号 99957362550-39
发货单位 上海东方商务有限公司 3122210613	贸易方式 一般贸易 0110	征免性质 一般征税（101）	结汇方式 电汇
许可证号	运抵国（地区） 波兰 （327）	指运港 波兰 （327）	境内货源地 上海浦东新区（31222）
批准文号 710203150	成交方式 FOB	运费	保费	杂费
合同协议号 IEB00141-7	件数 1	包装种类 纸箱	毛重（公斤） 1	净重（公斤） 1
集装箱号 0	随附单据		生产厂家

标记唛码及备注
　　　　8474553345

项号	商品编号	商品名称、规格型号	数量及单位	最终目的国（地区）	单价	总价	币制	征免
1.	85051190 （ ） 50000PCS	特高性能精细磁体 M-4000	0.180 千克 0.000 0.180 千克	波兰 （137）	13388.8889	2410.00 用途	EUR 美元	照章征税

税费征收情况

录入员　录入单位	兹声明以上申报无讹并承担法律责任	海关审单批注及放行日期(签单) 审单　　　审价
报关员	申报单位(签章)	征税　　　统计
单位地址	中外运-敦豪国际航空快件有限 公司上海分公司	查验　　　放行 签发官员：朱敏
邮编　电话	填制日期	签发日期：2009-06-08

第三章

进口付汇核销

> **办理依据**
>
> 1.《货物贸易进口付汇管理暂行办法》
> 2.《货物贸易进口付汇管理暂行办法实施细则》

> **小辞典**
>
> ### 进口付汇
>
> 进口付汇包括：
> 1. 向境外支付进口货款；
> 2. 向境内保税监管区域、离岸账户以及境外机构境内账户支付进口货款或深加工结转项下境内付款；
> 3. 其他具有对外付汇性质的货物贸易项下付款。
>
> ### 进口付汇核销
>
> 进口付汇核销是以付汇的金额为标准核对是否有相应的货物进口到国内或有其他证明抵冲付汇的一种事后管理措施。

"货物贸易进口付汇管理"要求进口单位根据结算方式、贸易方式以及资金流向,按规定凭相关单证在银行办理进口付汇业务。

进口单位应当按规定进行进口付汇核查信息申报。银行应当按规定向外汇局报送相关信息。

付汇单位与合同约定进口单位、进口货物报关单经营单位应当一致。代理进口业务,应当由代理方负责进口、购付汇。国家另有规定的除外。

外汇局对不在名录进口单位和"C类进口单位"的进口付汇实行事前登记管理。进口单位应当按规定到外汇局办理进口付汇业务登记。银行应当凭外汇局出具的登记证明和相关单证为进口单位办理进口付汇业务。

外汇局对辅导期内进口单位和"B类进口单位"的进口付汇以及外汇局认定的其他业务实行事后逐笔报告管理。进口单位进口付汇后,需向外汇局逐笔报告其进口付汇和对应的到货或收汇信息,并提供相关单证或证明材料。

一、进口付汇核销业务流程

进口付汇核销业务流程如图3-1所示。

二、进口单位名录登记、变更及注销

1. 申请材料(除相关申请表外,其他材料均为原件及复印件)

(1)名录登记

1)名录登记申请表(见表3-1);

2)对外贸易经营者备案登记表,依法不需要办理备案登记的提交"中华人民共和国外商投资企业批准证书"或"中华人民共和国台、港、澳、侨投资企业批准证书"等相关证明材料;

3)企业法人营业执照或企业营业执照;

4)中华人民共和国组织机构代码证;

5)中华人民共和国海关进出口货物收发货人报关注册登记证书;

第三章 进口付汇核销 · 51

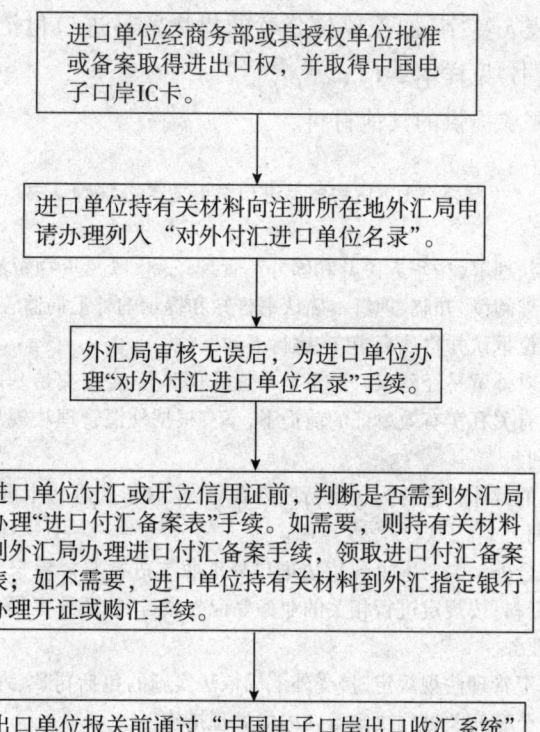

图 3-1 进口付汇核销业务流程

表 3-1 名录登记申请表

组织机构代码		企业名称			
联系人		联系电话		邮箱地址	
邮编		联系地址			
（企业公章） 年 月 日		提供材料清单（原件及复印件）： 1. 对外贸易经营者备案登记表或"中华人民共和国外商投资企业批准证书"或"中华人民共和国台、港、澳、侨投资企业批准证书"； 2. 企业法人营业执照或企业营业执照； 3. 中华人民共和国组织机构代码证； 4. 中华人民共和国海关进出口货物收发货人报关注册登记证书； 5. 法定代表人签字、加盖单位公章的货物贸易进口付汇业务办理确认书（无须提供复印件）； 6. 外汇局要求提供的其他材料。			
外汇局受理人：		受理日期：			

6)法定代表人签字、加盖单位公章的货物贸易进口付汇业务办理确认书（以下简称确认书，见样本3-1）；

7)外汇局要求提供的其他材料。

样本3-1 货物贸易进口付汇业务办理确认书

本单位已知晓、理解《中华人民共和国外汇管理条例》以及货物贸易进口付汇外汇管理法规规定，并已仔细阅读、知晓、理解本确认书告知和提示的外汇局监管职责。

兹确认，本单位承认并将认真遵守、执行下列条款：

一、依法具有对外贸易经营权。对于本单位具有真实、合法交易基础的货物贸易进口付汇，在按规定提交有关真实有效单证的前提下，享有根据外汇管理法规规定便利办理货物贸易进口付汇的权利。

二、对外汇局的具体行政行为包括行政处罚等，享有依法进行申诉、提起行政复议和行政诉讼等法定权利。

三、接受并配合外汇局对本单位货物进口外汇收支进行监督检查，及时、如实说明情况并提供相关单证资料；按规定进行相关的业务登记与报告；按照外汇局分类管理要求办理货物进口外汇收支业务。

四、若违反外汇管理法规规定，接受外汇局依法实施的包括罚款、列入负面信息名单、限制结算方式、对外公布相关处罚决定等在内的处理措施。

五、知晓并确认本确认书适用于货物贸易进口外汇收支。本单位资本项目、货物贸易出口、服务贸易等其他项目外汇收支按照适用相关项目的外汇管理法规规定依法办理。本确认书未尽事项，按照有关外汇管理法规规定执行；相关外汇管理法规规定发生变化的，以新的外汇管理法规规定为准。

六、本确认书自本单位签署时生效。本单位将认真学习并遵守货物贸易进口付汇外汇管理法规规定，积极支持配合外汇局对货物贸易进口付汇业务的管理。

进口单位（公章）：

法定代表人（签字）：

二〇   年   月   日

为进一步促进贸易便利化，更好地为企业服务，全面实施国家依法行政纲要，推进政府职能转变，外汇局根据《中华人民共和国外汇管理条例》及货物贸易进口付汇外汇管理法规规定等，制定本确认书，提示进口单位相关外汇管理法规规定和依法享有的权利。进口单位签署本确认书并认真执行，享有依法便利办理进口付汇业务的权利。

外汇局依据《中华人民共和国外汇管理条例》等法规规定，在货物贸易进口付汇具有真实、合法交易基础，满足有关单证真实性及其与外汇收支一致性审核要求的前提下，对货物贸易对外支付不予限制。

外汇局根据国际收支形势等具体情况，制定、调整货物贸易进口付汇外汇管理法规规定，并依法通过文告、外汇局政府网站等适当的公开、透明的方式予以公布。

外汇局依法对进口单位货物进口外汇收支进行监督检查。对进口单位未能遵守货物贸易进口付汇外汇管理法规规定的行为，按照《中华人民共和国外汇管理条例》等法规规定进行行政处罚。

(2) 名录变更

1) 名录变更申请表(见表3-2)；

表3-2 名录变更申请表

组织机构代码		企业名称			
联系人		联系电话		邮箱地址	
邮编		联系地址			
（企业公章） 年　月　日		提供材料清单(原件及复印件)： 名录变更所需材料清单(原件及复印件,复印件加盖公章留存外汇局)： 1. 信息变更相关文件或证明(工商部门企业营业执照变更证明、商务部门批件等)； 2. 外汇局要求提供的其他材料。			
外汇局受理人：		受理日期：			

2) 信息变更相关文件或证明(工商部门企业营业执照变更证明、商务部门批件等)；

3) 外汇局要求提供的其他材料。

(3) 名录撤销

1) 名录撤销申请表(见表3-3)；

表 3-3　名录撤销申请表

组织机构代码		企业名称			
联系人		联系电话		邮箱地址	
邮编		联系地址			
（企业公章） 　年　月　日		提交材料清单（原件及复印件）： 1. 进口单位终止经营，被工商管理部门注销、吊销营业执照，或者终止或被商务部门取消对外贸易经营权的相关证明； 2. 外汇局要求提供的其他材料。			
外汇局经办人： 　　年　月　日		复核人： 　　年　月　日		主管领导： 　　年　月　日	

2）进口单位终止经营，被工商管理部门注销、吊销营业执照，或者终止或被商务部门取消对外贸易经营权的相关证明；

3）外汇局要求提供的其他材料。

2. 办理时限

自受理之日起 5 个工作日内办理。

3. 注意事项

(1)《货物贸易进口付汇管理暂行办法实施细则》发布实施前已在名录的

进口单位,应在6个月内签署确认书,并提供上述办理名录登记的资料,以办理基本档案信息清理手续(已经办理基本档案清理手续的可不再重复办理)。签署确认书后,外汇局将其自动列入名录,未在规定期限内签署的,外汇局将取消其名录资格。

(2)不在名录的进口单位,不得直接在银行办理进口付汇业务。

(3)外汇局审核上述材料无误后,将进口单位列入名录,并向银行发布名录信息。名录信息在全国范围内共享,进口单位异地付汇无须再到外汇局办理事前登记手续。

(4)新进入名录的企业实行辅导期管理,外汇局对其自发生进口付汇业务之日起3个月内的进口付汇业务进行辅导管理。进口单位辅导期内的进口付汇业务须向外汇局进行事后逐笔报告。

(5)进口单位名录信息发生变更的,应当在变更之日起30日内,持相关变更文件或证明到外汇局办理名录变更手续。

(6)进口单位发生下列情况之一的,外汇局可将其从名录中注销:一是进口单位终止经营或被工商管理部门注销、吊销营业执照的;二是进口单位终止或被商务部门取消对外贸易经营权的;三是外汇局认定的其他情况。进口单位注销后重新申请进入名录的,需按照有关辅导期管理规定办理进口付汇业务。

三、货物信息变更

1. 业务范围

下列情况之一的进口货物报关单经营单位与付汇单位不一致业务,报关单经营单位需在货物进口后30日内,到注册地外汇局办理货物信息变更手续:

(1)进口单位代理外商投资企业和捐赠项下进口;

(2)许可证、进口配额、特定商品登记项下进口;

(3)外汇局认定的其他情况。

2. 申请材料(除相关申请表外,其他材料均为原件及复印件)

(1)货物信息变更申请表(见表3-4);

表 3-4　货物信息变更申请表

申请单位组织机构代码		申请单位名称			
付汇单位组织机构代码		付汇单位名称			
申请单位联系电话		联系人		邮箱地址	
（企业公章） 　年　月　日		提交材料清单（原件及复印件）： 1. 代理协议； 2. 进口合同； 3. 进口货物报关单； 4. 免税证明、许可证等证明材料； 5. 外汇局要求提供的其他材料。			
外汇局经办人： 　年　月　日		审核人： 　年　月　日		主管领导： 　年　月　日	

(2) 代理协议；

(3) 进口合同；

(4) 进口货物报关单；

(5) 免税证明、许可证等证明材料；

(6) 外汇局要求提供的其他材料。

3. 办理时限

自受理之日起 20 个工作日内办理。

4. 注意事项

（1）进口单位应当及时办理货物信息变更手续，已参与货物总量核查或已办理逐笔报告的进口货物信息不允许变更；

（2）进口单位提供虚假、不实材料进行货物信息变更或通过货物信息变更逃避外汇局非现场总量核查，外汇局可撤销已变更的进口货物信息。

四、进口付汇登记

1. 业务范围

对不在名录进口单位、"C类进口单位"的进口付汇以及外汇局认定的其他付汇业务，需经外汇局登记后，再到银行办理进口付汇或开立信用证等相关业务。

2. 申请材料（除相关申请表外，其他材料均为原件及复印件）

（1）"不在名录进口单位"类别项下

1）进口付汇登记申请表（见表3-5）。

2）对外贸易经营者备案登记表或中华人民共和国外商投资企业批准证书或中华人民共和国台、港、澳、侨投资企业批准证书。

3）企业法人营业执照或企业营业执照。

4）中华人民共和国组织机构代码证。

5）属于代理进口的，还须提供代理协议。

6）按照不同结算方式和业务种类提供相应单证：

①信用证结算方式项下：进口合同、开证申请书。

②托收结算方式项下：进口合同、代收通知书。

③预付货款结算方式项下：进口合同、形式发票。

④货到付款结算方式项下：进口合同、发票、进口货物报关单以及按"进口货物报关单'贸易方式'分类付汇代码表"（见表3-6）规定的相关有效凭证和商业单据。

表3-5 进口付汇登记申请表

组织机构代码		企业名称		
联系人		联系电话		
金融机构标识码		金融机构名称		
登记币种		登记金额	（小写）：	
			（大写）：	
登记类别： □ 不在名录 □ C类进口单位 □ 其他		结算方式： □ 信用证 □ 托收 □ 预付 □ 货到汇款 □ 其他		
最迟装运日期				
其他项下申请事由说明：				
提交材料清单（原件及复印件）： （企业公章） 申请日期： 年 月 日				
经办人： 审核人： 主管领导： 　　年 月 日 年 月 日 年 月 日				

表3-6 进口货物报关单"贸易方式"分类付汇代码表

一、可以对外售付汇的贸易方式（14种）

贸易方式代码	贸易方式简称	贸易方式代码	贸易方式简称
0110	一般贸易	0715	进料非对口
0314	来料以产顶进（或加工专用油）	1110	对台贸易
0444	保区进料成品	1741	免税品
0445	保区来料成品	1831	外汇商品
0544	保区进料料件	2215	三资进料加工
0545	保区来料料件	4039	对台小额
0615	进料对口	4019	边境小额

二、有条件对外售（付）汇的贸易方式（25种）

贸易方式代码	贸易方式简称	购付汇条件
0245	来料料件内销	须审查合同，对于合同中付款条款规定可以对外支付的，可以办理付汇。
0345	来料成品减免	同上。
0420	加工贸易设备	须审查合同、发票，对于合同规定以工缴费抵偿设备的，不得办理付汇。
0446	加工设备内销	同上。
0654	进料深加工	除须审查转厂合同及有关单证外，还须审查贸易方式为"进料深加工"或"来料深加工"的出口货物报关单（复印件）后办理付汇。
0815	低值辅料	须审查合同、发票，对于一般贸易、进料加工的，可以办理付汇；对于来料加工的，不得办理付汇。
0845	来料边角料内销	须审查合同，对于合同中付款条款规定可以对外支付的，可以办理付汇。
1233	保税仓库货物	按《关于保税仓库外汇管理有关问题的通知》（汇发[1998]97号）规定办理付汇。

续表

贸易方式代码	贸易方式简称	购付汇条件
1139	国轮油物料	同上。
1200	保税间货物	须审查合同、发票、保税监管区域外汇登记证及相关证明材料后办理付汇。
1215	保税工厂	须审查海关核发的加工手册,对于进料加工的,可以办理付汇;对于来料加工的,不得办理付汇。
1234	保税区仓储转口	按《保税监管区域外汇管理办法》(汇发[2007]52号)、《保税监管区域外汇管理办法操作规程》(汇发[2007]66号)规定办理付汇。
1300	修理物品	须审查原报关单及关税完税证明,增值部分可以办理付汇。
1427	出料加工	同上。
1500	租赁不满一年	须审查租赁合同,对于经营租赁的,可以办理付汇;对于融资租赁的,不得办理贸易项下付汇。
1523	租赁贸易	同上。
9800	租赁征税	同上。
1616	寄售代销	须审查合同、发票、关税完税证明,已完税部分可以办理付汇。
2025	合资合作设备	对于进口日期为2002年5月1日以后的报关单,按照"可以对外售(付)汇的贸易方式"的报关单类别进行审核;对于2002年5月1日以前的报关单,须区分以下两种情况进行审查:1. 对于报关单"征免"栏注明为"照章"的,可凭报关单到银行直接办理付汇,银行按照"可以对外售(付)汇的贸易方式"的报关单类别进行审核,无须凭外汇局核准件或进口付汇登记表办理;2. 对于报关单"征免"栏注明为"全免"的,进口单位应向外汇局提交外经贸部门批准成立企业证书、合资合作合同及章程,外经贸部门核准的合资合作设备进口清单正本、验资报告、进口合同及发票,经外汇局审核后将报关单注销结案,属于现汇投资的凭外汇局核准件或进口付汇登记表到银行办理付汇(属于实物投资的不得付汇)。

续表

贸易方式代码	贸易方式简称	购付汇条件
2225	外资设备物品	同上。
3010	货样广告品 A	须审查合同、发票,对于合同中付款条款规定可以对外支付的,可以办理付汇。
3039	货样广告品 B	同上。
3511	援助物资	须审查合同、发票、受赠资金来源证明,对于合同中付款条款规定可以对外支付的,可以办理付汇。
3612	捐赠物资	同上。
4561	退运货物	须审查外汇局出具的"已冲减出口收汇/核销证明"后办理付汇。

三、不得对外售(付)汇的贸易方式(32 种)

贸易方式代码	贸易方式简称	贸易方式代码	贸易方式简称
0130	易货贸易	2600	暂时进出货物
0214	来料加工	2700	展览品
0255	来料深加工	2939	陈列样品
0258	来料余料结转	3100	无代价抵偿
0300	来料料件退换	3339	其他进口免费
0320	不作价设备	3410	承包工程进口
0456	加工设备结转	4200	驻外机构运回
0500	减免设备结转	4239	驻外机构购进
0513	补偿贸易	4400	来料成品退换
0657	进料余料结转	4500	直接退运
0642	进料以产顶进	4539	进口溢误卸
0644	进料料件内销	4600	进料成品退换
0700	进料料件退换	9700	后续补税
0744	进料成品减免	9739	其他贸易
0844	进料边角料内销	9839	留赠转卖物品
2439	常驻机构公用	9900	其他

⑤境外承包工程项下对外支付贸易货款的:除依据不同结算方式审查有关单证外,还须提供工程承包协议、工程承包资质证明等。

⑥转口贸易项下对外支付贸易货款的:除依据不同结算方式提供有关单证外,还须提供出口合同;先收后支项下的须提供出口合同、收汇凭证。

7)外汇局要求提供的其他相关材料。

(2)"C类进口单位"类别项下

1)进口付汇登记申请表(见表3-5);

2)进口合同;

3)代理进口项下,还须提供代理协议;

4)发票;

5)进口货物报关单以及按"进口货物报关单'贸易方式'分类付汇代码表"(见表3-7)规定的相关有效凭证和商业单据;

6)中国电子口岸IC卡;

7)外汇局要求提供的其他相关材料。

(3)其他须登记的进口付汇类别项下

1)进口付汇登记申请表(见表3-5);

2)进口合同;

3)外汇局要求提供的证明进口付汇真实合法交易基础的相关材料。

3. 办理时限

自受理之日起20个工作日内办理。

4. 注意事项

(1)登记业务应在进口单位付汇或开立信用证之前到注册地外汇局办理;

(2)C类进口单位不得以信用证、托收、预付货款等方式付汇;

(3)外汇局审核进口单位提交的上述材料后,为其出具加盖货物贸易进口付汇业务章的进口付汇登记表,并留存相关资料复印件;

(4)进口单位未按要求办理登记的,外汇局可将其列为B类进口单位。

五、逐笔报告业务

1. 业务范围

进口单位下列进口付汇业务应在进口货物报关单进口日期或收付汇日期后 30 日内向外汇局逐笔报告。

(1)"B 类进口单位"的进口付汇;

(2)单笔合同项下付汇与实际到货或收汇差额超过合同金额 10% 且金额超过等值 10 万美元的进口付汇;

(3)单笔金额超过等值 10 万美元的进口退汇;

(4)进口单位列入名录后自发生进口付汇业务之日起 3 个月内的进口付汇;

(5)其他须进行逐笔报告的进口付汇。

2. 申请材料

(1)进口付汇逐笔核查报告表(见表 3-7);

(2)进口付汇核查凭证;

(3)进口货物报关单(货到付款项下还须根据进口货物报关单的贸易方式,审查相应凭证);

(4)收汇凭证(进口项下退汇、转口贸易和境外承包工程须提供);

(5)进口合同、发票及差额说明材料(单笔合同项下付汇与实际到货或收汇差额超过合同金额 10% 且金额超过等值 10 万美元的进口付汇须提供);

(6)退汇协议(进口项下退汇时须提供);

(7)外汇局要求提供的其他材料。

3. 办理时限

自受理之日起 20 个工作日内办理。

4. 注意事项

(1)进口单位应当通过贸易收付汇核查系统企业端逐笔报告其进口付汇和

对应的到货或收汇信息,并及时接收外汇局的反馈信息,持打印的进口付汇逐笔核查报告表和相关有效商业单证或证明材料到外汇局现场报告。

(2)进口单位逐笔报告信息的及时性和准确性将影响外汇局对其非现场总量核查及现场核查结果。

(3)未按规定向外汇局逐笔报告进口付汇业务的,将被列为"B类进口单位"。

表3-7 进口付汇逐笔核查报告表

报告表编号:
外汇局代码:
企业代码:
企业名称:
单位:美元

序号	进口付汇信息						货物报关、收汇信息					差额金额		
	申报号码	付汇币种	付汇金额	付汇金额折美元	结算方式	付汇银行	付汇日期	最迟装运日期	报关单编号	收汇申报号码	报关/收汇币种	报关/收汇金额	报关/收汇金额折美元	多收汇差额	多到货差额	多付汇差额
合计																

填报人:　　　　　　　　　　　　填报日期:
联系电话:
外汇局审核意见:　　　　　　　　审核日期:
　　　　　　　　　　　　　　　　经办人:
　　　　　　　　　　　　　　　　(外汇局签章)
　　　　　　　　　　　　　　　　　年　月　日

六、配合外汇局现场核查

1. 业务范围

对核查期内存在下列情况之一的进口单位,外汇局可实施现场核实调查

(以下简称现场核查):

(1)进口货物金额与进口付汇金额的比率小于80%或大于120%,且多付汇或多到货金额大于等值100万美元;

(2)转口贸易、境外承包工程收汇金额与相应付汇金额的比率小于90%或大于110%,且多付汇或多收汇金额大于等值100万美元;

(3)单月进口退汇频次大于5次或单笔退汇金额大于等值50万美元;

(4)外汇局认为有必要的其他情况。

2. 业务办理

(1)外汇局要求进口单位报告的,进口单位应在收到现场核查通知书(见样本3-2)之日起15个工作日内,向外汇局提交由法定代表人或其授权人签字并加盖单位公章的书面报告及相关资料。

样本3-2　国家外汇管理局××分(支)局
现场核查通知书

编号:＿＿＿＿＿＿＿＿＿＿
进口单位名称:＿＿＿＿＿＿＿＿＿＿　　进口单位代码:＿＿＿＿＿＿＿＿＿＿

根据货物贸易进口付汇管理相关规定,现对你单位＿＿＿年＿＿＿月＿＿＿日至＿＿＿年＿＿＿月＿＿＿日期间发生的进口项下收付汇业务进行现场核查,核查方式为:□进口单位报告　□约见进口单位法定代表人或其授权人　□现场调查　□其他＿＿＿＿＿(外汇局可根据实际核查情况调整核查方式)。收到本通知后,请将签收联反馈外汇局,并于＿＿＿个工作日内准备好相关材料,接受外汇局及授权单位的核查。

特此通知。

　　　　　　　　　　　　　　　　　　　经办人签字:
　　　　　　　　　　　　　　　　　　　处室负责人签字:
　　　　　　　　　　　　　　　　　　　(外汇局签章)
　　　　　　　　　　　　　　　　　　　　　　年　月　日

本通知一式两联,第一联进口单位签收后外汇局留存,第二联进口单位留存。

(2)外汇局约见进口单位法定代表人或其授权人的,进口单位法定代表人或其授权人应自收到现场核查通知书之日起15个工作日内到外汇局说明情况。

(3)外汇局进行现场调查的,进口单位应自收到现场核查通知书之日起15个工作日内准备好相关资料,配合外汇局现场调查人员工作。

(4)外汇局采取其他现场核查方式的,进口单位应按外汇局要求做好相关工作。

3. 注意事项

(1)外汇局可根据总量核查结果和企业主动报告情况,参考地区、行业、经济类型等特点对上述比例或金额指标进行调整,确定实施现场核查的进口单位。

(2)进口单位违反相关规定,拒不接受或拒不配合外汇局现场核查的,外汇局可将其列为"C类进口单位"。

七、在外汇局确定分类结果前进行申述

进口单位在收到外汇局有关"B类进口单位"和"C类进口单位"的考核分类通知书后如有异议,可自收到书面通知之日起7个工作日内向外汇局提交书面情况说明及相关证明材料进行申述。

八、历史业务清理(时间截至2010年6月30日)

1. 业务范围

2010年之前的付汇未核销业务。

2. 业务办理

(1)信用证、托收及预付款项下的进口付汇

持核销单或者进口付汇项下国际收支申报凭证、到货核销表(见表3-8)、进口报关单付汇核销联原件、海关IC卡、进口付汇备案表(领取了备案表的付汇提供)到主管外汇管理局办理2009年12月31日前进口付汇历史业务清理工作。对于属代理进口项下经营单位与付汇方不一致的情况的,还须提交正本代

理进口协议。对于进口报关单贸易方式为"有条件对外售(付)汇的贸易方式"类别的,参照"进口货物报关单'贸易方式'分类付汇代码表"(见表3-6)办理。

表3-8 贸易进口付汇到货核销表

单位名称: 　　　　　　单位代码: 　　　　　　联系电话:
联系人:

序号	付汇情况							报关到货情况					
	核销单号/申报号码	备案表号	付汇币种金额	付汇日期	结算方式	付汇银行名称	最迟装运日期	报关单号/涉外收入申报号码	报关/收汇币种金额	报关/收汇日期	与付汇差额	余额是否留用	备注
付汇合计笔数			付汇合计金额			报关合计金额							

(2)转口贸易、境外工程使用物资、退汇项下

持核销单或者进口付汇项下国际收支申报凭证、到货核销表(见表3-10)、银行结汇水单或收账通知书原件及两套复印件(收汇凭证上银行须签注"转口贸易收汇"、"境外工程使用物资收汇"或"进口退汇"等字样,并加盖银行业务章;同时,对于从境内离岸账户汇入境内的外汇,收汇凭证上银行须签注"离岸账户汇入"字样,并加盖银行业务章)、涉外收入申报单及外汇局要求的其他资料。转口贸易、境外工程使用物资项下,收汇金额须大于付汇金额。

(3)对于下列情况,进口单位办理核销时可以简化进口付汇核销凭证

1)进口单位遗失纸质进口货物报关单付汇证明联且海关无法补制的,进口单位提供书面情况说明、中国电子口岸进口付汇系统的"进口货物报关单核查情况"打印件、合同、进口付汇核查凭证、贸易进口付汇到货核销表(一式两份)、中国电子口岸IC卡;

2)因特殊情况进口单位无法提供除进口付汇核查凭证和进口货物报关单付汇证明联以外的其他辅助单据的,进口单位提供书面情况说明、进口付汇核查凭证以及进口货物报关单付汇证明联、进口付汇核查凭证、贸易进口付汇到货核销表(一式两份)、中国电子口岸IC卡;

3)进口付汇低于一定金额的,采用差额核销方式核销。对于进口付汇金额在等值5 000美元以下,且进口单位无法提供核销单据的,进口单位提供书面情况说明、法定代表人签字的承诺函、进口付汇核查凭证、合同、进口付汇核查凭证、贸易进口付汇到货核销表(一式两份);

4)通过EMS等航空、路运快递方式进口,且无进口货物报关单的,进口单位提供海关出具的"进出口货物报关情况证明"或"海关快件监管凭证"和规定的相关商业单据、进口付汇核查凭证、贸易进口付汇到货核销表(一式两份)。

(4)对于下列情况,进口单位可依据《进口付汇逾期未核销备查管理规定》(汇发[2004]101号),凭以下单据进行备查处理

1)被工商管理部门注销、吊销营业执照的进口单位,提供书面情况说明、工商管理部门提供的吊销、注销文件或信息;

2)因出口方倒闭或商业纠纷等原因造成的无法足额进口或不进口,进口单位提供书面情况说明、法定代表人签字的承诺函、合同以及进口付汇核查凭证;

3)因转卖业务导致付汇金额与收汇金额不符的,进口单位提供书面情况说明、进口付汇核查凭证、收汇凭证、进出口合同以及提单(或仓储协议、进出境备

案清单、进出口仓单);

4)在中国电子口岸进口付汇系统无进口货物报关单电子数据项下的进口付汇,进口单位提供书面情况说明、法定代表人签字的承诺函以及规定的相关纸质单证。

(5)对于受大型设备进口交货周期长、分期到货或大宗散装货物进口、海关二次审价等因素影响,导致进口付汇逾期未核销的,进口单位需向主管外汇管理局说明预计交货日期和核销期限。

(6)清理业务过程中发现涉嫌违反外汇管理规定的进口单位和银行,主管外汇管理局将按规定移交外汇检查部门办理。

出口收结汇联网核查

一、出口收汇待核查账户的开立与管理

> **办理依据**
>
> 1.《境内外汇账户管理规定》(银发[1997]416号)
> 2. 国家外汇管理局《关于调整经常项目外汇管理政策的通知》(汇发[2006]19号)
> 3. 国家外汇管理局、商务部、海关总署《关于印发〈出口收结汇联网核查办法〉的通知》(汇发[2008]29号)
> 4. 国家外汇管理局《关于实施〈出口收结汇联网核查办法〉有关问题的通知》(汇发[2008]31号)

1. 审核原则

(1) 企业出口收汇待核查账户(以下简称待核查账户)的收入范围限于出口收汇,支出范围包括经银行联网核查后结汇、划入该企业经常项目外汇账户以及经外汇局批准的退汇等其他外汇支出。

(2) 待核查账户之间不得划转。

(3) 账户余额按活期存款计息。

2. 注意事项

(1) 开户银行为企业开立待核查账户时,应通过外汇账户信息交互平台,查询该企业是否已在开户地外汇局进行基本信息登记。

企业的基本信息已登记的,开户银行可直接为企业开立待核查账户。

企业的基本信息未登记的,开户银行不得为其办理开户手续,同时应通知企业到开户地外汇局办理基本信息登记。

(2) 待核查账户纳入外汇账户管理信息系统,代码为1101。

(3) 开户银行为企业开户后,应于次日按照外汇账户管理信息系统报送数据的要求将相关数据及时报送外汇局。

(4) 经联网核查后,待核查账户资金必须先划入该企业经常项目外汇账户,方可用于对外支付货款、还贷等支出;待核查账户资金结汇后的人民币可按实际支出需要划转。

（5）待核查账户中的外汇不能用于质押人民币贷款或理财业务。

（6）公检法等执法部门可以依法冻结账户，可以依法凭强制执行令等直接从待核查账户划款。

二、出口收汇和出口收汇核销专用联的出具（与联网核查相关）

> **办理依据**
>
> 1.《中华人民共和国外汇管理条例》（中华人民共和国国务院令第532号）
> 2. 国家外汇管理局、商务部、海关总署《关于印发〈出口收结汇联网核查办法〉的通知》（汇发[2008]29号）
> 3. 国家外汇管理局《关于实施〈出口收结汇联网核查办法〉有关问题的通知》（汇发[2008]31号）
> 4.《出口收汇核销管理办法》（汇发[2003]91号）
> 5.《出口收汇核销管理办法实施细则》（汇发[2003]107号）

1. 出口收汇

（1）审核材料

1）信用证、托收的条款或者汇款指示、交易附言等信息；

2）企业说明（银行无法判断时）。

（2）审核原则

1）银行应将企业的下列外汇收入划入待核查账户：

①直接从境外、境内保税监管区域或境内中资银行离岸账户、外资银行境外机构或者个人外汇账户收回的出口货款；

②出口押汇、福费廷、出口保理等贸易融资项下（打包放款除外）外币放款以及实际从境外收回的对应出口货款中无须偿还银行的余款；

③打包放款业务项下实际从境外收回的出口货款；

④出口货物保险或出口信用保险所得的理赔款；

⑤深加工结转业务项下转出方的收汇；

⑥出口买方信贷项下的出口收汇；

⑦其他出口项下外汇收入；

⑧按规定应申报为货物贸易的符合规定的境内交货境外收汇。

2)服务贸易以及资本项目等项下收入,仍按照现行规定办理。

(3)注意事项

1)银行在为企业办理入账前要认真审核资金性质,无法判断的要及时与企业联系,要求企业说明。由于企业说明错误或银行工作失误而导致资金错误入账的,应区分以下两种情况处理:

①货物贸易项下收汇直接入了经常项目外汇账户的,银行可根据企业的更正说明,为其办理该笔收汇划入待核查账户的手续;

②服务贸易、资本项下收汇误入待核查账户的,经外汇局核准后,银行方可为企业办理从待核查账户划转经常项目外汇账户或其他外汇账户的手续。

2)企业应依据国际收支统计申报的规则确定收汇资金性质。企业一笔收汇既有货物贸易也有服务贸易的,其中货物贸易部分应当进入待核查账户,服务贸易部分银行在审核相应合同、发票后可根据企业要求直接结汇或进入经常项目外汇账户;企业暂无法区分资金性质和相应金额或无法提供服务贸易相应单证的,整笔资金应一并进入待核查账户。

3)银行需收取的汇款等手续费,在对应贸易收汇入账前已被银行扣除的,不纳入出口收结汇联网核查范围;贸易融资项下银行须收取的融资费用纳入联网核查范围,即应当满足"银行实际放款+融资费用+余款=相应出口可收汇额"的要求。

4)转让信用证项下贸易收汇,银行应当根据转让信用证相关约定判断款项归属,并按照"谁出口,谁收汇,谁核查"的原则进行解付,其中属于第二受益人的出口收汇应直接划转第二受益人的待核查账户。

5)对于进口预付汇项下的退汇款,企业应向银行提供进口合同、贸易进口付汇核销单正本,经银行审核无误后,该笔外汇不必进入企业的待核查账户。

6)代理出口业务应当由代理方负责出口和收汇。如需原币划转给委托方的,应当在联网核查后划入代理方经常项目外汇账户,再按照境内外汇划转管理有关规定办理。委托方收取代理方原币划转时,不得进入其待核查账户,不再办理联网核查手续。

7)对于具有对外贸易经营权的个人及具有对外贸易经营权的保税监管区域内企业经营非保税货物的出口收汇,银行应当划入待核查账户。

> 小辞典
>
> 1. 打包贷款
>
> 打包贷款(Packing Loan)，也称打包放款，是指出口地银行为支持出口商按期履行合同、出运交货，向收到合格信用证的出口商提供的用于采购、生产和装运信用证项下货物的专项贷款。打包贷款是一种装船前短期融资，使出口商在自有资金不足的情况下仍然可以办理采购、备料、加工，顺利开展贸易。打包贷款融资比例通常不超过90%。还款的来源在正常情况下为信用证项下的收汇款，在企业不能正常从国外收回货款的情况下，企业必须偿还打包贷款的本金及利息，或允许银行主动从其账户扣划打包贷款的本金及利息。根据国家的有关政策，打包贷款可以使用人民币，也可以使用外汇作为贷款的币种。
>
> 2. 出口押汇
>
> 出口押汇(Export Bill Purchase)就是在出口商发出货物并交来信用证或合同要求的单据后，银行应出口商要求向其提供的以出口单据为抵押的在途资金融通。
>
> 银行办理出口押汇的范围通常包括：信用证下出口押汇和跟单托收下出口押汇；外币出口押汇和人民币出口押汇。
>
> 3. 福费廷
>
> 福费廷(Forfaiting)，又称包买票据或票据买断，是指包买商(一般为商业银行或其他金融企业) 从出口商那里无追索权地购买由银行承兑/承付或保付的远期汇票，而向出口商提供融资的业务。它是一项新型的贸易融资工具，融资比例通常为100%，还款来源为出口项下的收汇款。出口方受益人承担的费用因办理银行的不同而稍有差异，但一般由利息、手续费和承诺费三部分构成，有的银行从与同业竞争的需要出发，采取了手续费暂不予收取，承诺费在客户违约时收取，仅仅收取利息的做法。
>
> 4. 国际保理
>
> 国际保理(International Factoring)是国际保付代理的简称，是近一二十年在国际上发展起来的一种新兴贸易结算方式。它是指保理商为国际贸易中采用赊销(Open Account，简称O/A)或跟单托收承兑交单(Documents Against Acceptance，简称D/A)结算方式时，为卖方(供货商)提供的将出口贸易融资、账务处理、收取应收账款和买方信用担保融为一体的综合性金融服务。
>
> 5. 深加工结转
>
> 深加工结转是指加工贸易企业将保税进口料件加工的产品转至另一加工贸易企业进一步加工后复出口的经营活动。

2. 出口收汇核销专用联的出具(与联网核查相关)

(1)审核材料

1)有效商业单据;

2)其他证明材料。

(2)审核原则

1)银行应在按规定进行联网核查并为企业办理待核查账户资金结汇或划出后,为企业出具出口收汇核销专用联(以下简称核销专用联)。

2)一笔出口收汇只能出具一张核销专用联,不得分次出具。涉外收入的核销专用联应当与涉外收入申报号一一对应。

(3)注意事项

1)一笔出口收汇分次联网核查的,银行应在对该笔收汇进行第一次联网核查后出具全额的核销专用联,在核销专用联上签注相应的已联网核查金额。外汇局以银行签注的已联网核查金额为准为企业办理出口收汇核销手续,并将核销专用联退回企业;外汇局因数据补录入或差额核销须留存核销专用联正本的,可向企业提供核销专用联复印件,并在复印件上签注已核销金额并加盖出口收汇核销监管业务章。

银行对该笔收汇进行第二次联网核查后,应在企业提供的相应核销专用联正本或外汇局已签注核销情况的核销专用联复印件上签注第二次联网核查金额后提供企业。依此类推,直至该笔收汇联网核查完毕。

2)一笔出口收汇一次性全额进行联网核查的,银行无须在核销专用联上签注联网核查金额。

3)一笔收汇既有货物贸易也有服务贸易的,其中货物贸易部分进入待核查账户,服务贸易部分按规定并据企业要求直接结汇或进入经常项目外汇账户的,银行应当在对货物贸易部分收汇进行联网核查后出具全额的核销专用联,并在核销专用联上签注已核查的货物贸易收汇金额。

4)按规定不需办理货物报关项下的出口收汇,银行不得为收汇单位出具核销专用联。

三、联网核查与待核查账户资金结汇与划出

办理依据

1. 国家外汇管理局、商务部、海关总署《关于印发〈出口收结汇联网核查办法〉的通知》(汇发[2008]29号)
2. 国家外汇管理局《关于实施〈出口收结汇联网核查办法〉有关问题的通知》(汇发[2008]31号)
3. 国家外汇管理局综合司《关于凭纸质出口报关单办理贸易收结汇有关问题的通知》(汇综发[2008]118号)
4. 国家外汇管理局综合司《关于在出口与收汇主体不一致情况下实施联网核查有关问题的通知》(汇综发[2008]122号)

联网核查与待核查账户资金结汇与划出一览表,见表4-1。

表 4-1 联网核查与待核查账户资金结汇与划出一览表

项 目	审核材料	审核原则	注意事项
一般贸易收汇	1. 出口收汇说明； 2. 中国电子口岸企业操作员 IC 卡。	本次结汇或划出金额不超过出口收汇联网核查系统（以下简称核查系统）中查询的该企业相应贸易类别项下的"可收汇余额"。	1. 出口收汇说明的填写： (1) 企业下列出口对应收汇应填写于出口收汇说明"其他贸易"项下，"其中 2008 年 7 月 13 日前出口但 7 月 14 日后收汇的金额"栏内：2008 年 1 月 1 日至 6 月 30 日期间的出口；2007 年 12 月 31 日前的出口但备案的远期收汇日期在 2008 年 7 月 14 日之后； (2) 企业 2008 年 7 月 1 日之后的出口对应收汇应填写于出口收汇说明相应贸易类别项下。 2. 出口收汇说明上的企业公章可以用企业预留银行的印鉴代替。 3. 核查系统出口可收汇额的计算： (1) 一般贸易出口可收汇额等于 2008 年 7 月 1 日（含）之后企业一般贸易项下逐笔出口货物报关单成交总价之和； (2) 进料加工贸易出口可收汇额等于 2008 年 7 月 1 日（含）之后企业进料加工贸易项下逐笔出口货物报关单成交总价之和； (3) 来料加工贸易出口可收汇额，等于来料加工贸易项下逐笔出口货物报关单成交总价与收汇比例乘积累加之和。 来料加工贸易收汇比例由国家外汇管理局各分局、外汇管理部依据当地实际情况核定，报国家外汇管理局备案后确定。 (4) 其他贸易方式出口可收汇额包括： ①2008 年 7 月 1 日（含）之后企业其他贸易方式项下逐笔出口货物报关单成交总价之和； ②根据企业 2008 年 1 月 1 日至 6 月 30 日期间的出口收汇情况以及出口日期在 2007 年 12 月 31 日前且备案的远期收汇日期在 2008 年 7 月 14 日之后的出口情况确定的出口可收汇额初始值。 4. 银行应当凭企业及自身操作员 IC 卡登录核查系统，依据企业填写的出口收汇说明，查询企业相应贸易类别报关单可收汇余额，并在收汇注界面"本次申请收汇金额"和"币种"栏中录入企业实际结汇或者划出金额与相应币种，供系统自动扣减对应可收汇额。银行在完成上述联网核查手续后，方可为企业办理待核查账户中相应外汇的结汇或划出。 5. 银行由于错误操作而多核注的数据可通过在"本次申请收汇金额"栏录入负值的方式进行冲减，系统自动记录备查。 6. 银行按规定为企业办理待核查账户内资金结汇或划出后，应留存出口收汇说明 5 年备查。
进料加工贸易收汇			
来料加工贸易（比例内）收汇			
其他贸易收汇			

续表

项　目	审核材料	审核原则	注意事项
预收货款收汇	同上。	本次结汇或划出金额不超过核查系统中查询的该企业"预收货款可收汇余额"。	1. 预收货款可收汇额，依据企业已登记预收货款和前12个月出口收汇情况，由贸易信贷登记管理系统生成。 2. 企业预收货款对应的货物实际报关出口后，其经联网核查后结汇或者划出的金额，从该企业登记的相应贸易类别出口可收汇额中扣减。
按规定不需办理货物报关项下的出口收汇	1. 出口收汇说明。 2. 中国电子口岸企业操作员IC卡。 3. 盖有银行业务公章的涉外收入申报单（申报主体留存联）正本。 4. 相应单证： （1）对于未达到海关规定申报金额的邮寄出口，提供邮寄货物清单（指快递公司出具的业务收据），无法提供收据的，以企业出具的清单代替； （2）对于按规定应申报为货物贸易的符合规定的境内交货境外收汇，提供与境外采购商签订的购销协议或加工合同、发票、货运单据、情况说明函。	审核收汇单位提交单证的真实性及一致性。	1. 按规定不需办理货物报关项下的出口收汇应填写于出口收汇说明"无货物报关"项下。 2. 按规定不需办理货物报关项下的出口收汇，银行应当登录核查系统，在"无关单收汇金额登记"界面，选择相应的登记类型，记录对应的涉外收入申报号和收汇金额后为企业办理相应结汇或划出手续。 3. 对此类收汇，银行不得为收汇单位出具出口收汇核销专用联。 4. 银行按规定办理待核查账户内资金结汇或划出后，应在相应单证正本上签注已收汇情况并加盖银行业务公章，留存出口收汇说明及相关单证复印件5年备查。

续表

项 目	审核材料	审核原则	注意事项
来料加工贸易（超比例）收汇	1. 出口收汇说明。 2. 中国电子口岸企业操作员IC卡。 3. 出口合同。 4. 加盖海关验讫章的出口货物报关单（收汇核销联）正本及其加盖企业公章的复印件（报关单数量过多的，可用加盖企业公章的清单代替复印件。清单应至少包括以下内容：核销单号码、报关单号码、出口日期、出口总额、贸易方式、合同号、实际收汇比例。其中实际收汇比例超过25%的，企业应单独制表，以便银行汇总报告所在地外汇局）。	审核收汇单位提交单证的真实性及一致性。	1. 对于来料加工贸易实际收汇比例高于核定比例的收汇，企业应填写出口收汇说明来料加工贸易项下，并注明"其中实际收汇比例"。 2. 来料加工贸易（超比例）收汇的，银行应先在核查系统中进行来料加工超比例收汇登记操作，再按规定进行来料加工比例内收汇核注或来料加工超比例收汇核注操作。银行在完成上述联网核查手续后，方可为企业办理待核查账户中相应外汇的结汇或划出。 3. 来料加工超比例收汇登记操作：银行在核查系统"来料加工超比例收汇登记"界面记录该笔收汇对应的出口货物报关单号、出口合同号和本次登记收汇比例，核查系统自动计算"超比例收汇金额"。 (1) 来料加工超比例收汇金额＝来料加工报关单金额×（本次登记收汇比例－默认收汇比例）； (2) 一份出口货物报关单只能进行一次来料加工超比例收汇登记操作。 4. 来料加工超比例收汇核注操作：银行在核查系统"来料加工超比例收汇核注"界面录入出口货物报关单号或核销单号，查询对应的"本次可核注超比例收汇余额"，并在收汇核注界面"本次核注超比例收汇额"和"币种"栏中录入企业实际结汇或者划出金额与相应币种，供系统自动扣减对应可收汇额。 5. 企业来料加工贸易项下单笔出口货物报关单实际收汇比例高于25%的，办理银行应当于每月初5个工作日内以书面形式，汇总报告所在地外汇局，并附相关单证复印件。
出口对应的外币现钞收入	1. 出口收汇说明； 2. 中国电子口岸企业操作员IC卡； 3. 相关证明材料。		1. 外币现钞收入不必进入待核查账户。 2. 银行应当凭企业及自身操作员IC卡登录核查系统，依据企业填写的出口收汇说明，查询企业相应贸易类别报关单可收汇余额，并在收汇核注界面"本次申请收汇金额"和"币种"栏中录入企业实际结汇或者划出金额与相应币种，供系统自动扣减对应可收汇额。银行在完成上述联网核查手续后，方可按规定为企业办理现钞结汇。 3. 银行按规定办理待核查账户内资金结汇或划出后，应在相应单证正本上签注已收汇情况并加盖银行业务公章，留存出口收汇说明及相关单证复印件5年备查。

续表

项 目	审核材料	审核原则	注意事项
边境小额贸易等符合规定的人民币收入	1. 出口收汇说明； 2. 中国电子口岸企业操作员IC卡。		1. 银行在按规定为企业出具出口收汇核销专用联之前，应当登录核查系统，查询企业其他贸易方式报关单可收汇余额，并在"其他贸易方式收汇核注"界面录入企业实际收入的人民币金额，供系统自动扣减对应可收汇额。 2. 经联网核查后，相应人民币收入不进入待核查账户，可直接划入企业的人民币账户。 3. 银行按规定为企业办理待核查账户内资金结汇或划出后，应留存出口收汇说明5年备查。
人民币形式贸易融资（打包放款除外）	同上。		1. 银行向企业提供人民币形式贸易融资（打包放款除外）的，应在提供融资服务前进行联网核查，即登录核查系统，查询企业相应贸易类别报关单可收汇余额，并在相应收汇核注界面录入实际放款金额与融资费用金额之和，供系统自动扣减对应可收汇额。 2. 经联网核查后，相应人民币放款不进入待核查账户，可直接划入企业的人民币账户。 3. 此类业务项下企业实际从境外收回的出口货款直接偿还给银行，不进入待核查账户，不必进行联网核查。 4. 如此类业务项下有余款不需偿还银行的，对应外汇应进入企业的待核查账户并由银行进行联网核查。 5. 银行按规定为企业办理待核查账户内资金结汇或划出后，应留存出口收汇说明5年备查。
凭纸质出口报关单办理收结汇	1. 出口收汇说明； 2. 中国电子口岸企业操作员IC卡； 3. 加盖海关验讫章的出口货物报关单（收汇核销联）正本及其加盖企业公章的复印件； 4. 真实性承诺书。	1. 出口货物报关单出口日期在2008年1月1日至2008年6月30日期间； 2. 通过核查系统查询的企业"其他贸易方式报关单可收汇余额"小于企业本次申请结汇或划出金额； 3. 审核收汇单位提交单证的真实性及一致性。	1. 按规定凭纸质出口报关单办理收结汇的截止日期为2008年9月30日。 2. 企业"其他贸易方式报关单可收汇余额"小于企业本次申请结汇或划出金额但不为零的，银行应按规定在核查系统中核注完该可收汇额；对不足部分，审核企业提交的单证后，为企业办理待核查账户资金结汇或划出。 3. 银行应将企业的真实性承诺书及出口货物报关单复印件另行存档并于2008年10月10日前集中报送至所在地外汇局。各外汇分支局要对企业凭纸质单证办理出口收结汇的情况进行复核。

续表

项　目	审核材料	审核原则	注意事项
出口与收汇主体不一致的资金结汇与划转	1. 出口收汇说明； 2. 中国电子口岸企业操作员IC卡（出口单位）； 3. 外汇局的核准文件（格式由各外汇分支局自行制定，下同）。	1. 由外汇局直接审核，银行凭外汇局核准文件办理； 2. 收汇单位名称与其所提供的企业操作员IC卡所属出口单位名称不一致； 3. 本次结汇或划出金额不超过核查系统中查询的出口单位相应贸易类别报关单可收汇余额； 4. 本次结汇或划出金额不超过外汇局核准文件上的金额。	1. 银行应当凭出口单位及自身操作员IC卡登录核查系统，依据收汇单位填写的出口收汇说明，查询相应贸易类别报关单可收汇余额，并在收汇核注界面"本次申请收汇金额"和"币种"栏中录入实际结汇或者划出金额与相应币种，供系统自动扣减对应可收汇额。银行在完成上述联网核查手续后，方可为收汇单位办理待核查账户中相应外汇的结汇或划出。 2. 银行按规定为企业办理待核查账户内资金结汇或划出后，应留存出口收汇说明和外汇局核准文件5年备查。
其他经外汇局核准的资金结汇与划转	外汇局的核准文件。	1. 以核准文件上的金额为限，为企业办理待核查账户资金结汇或划转； 2. 核准文件上注明外汇账号的，应将资金划转相应外汇账户中。	1. 银行按规定为企业办理待核查账户内资金结汇或划出后，应留存外汇局核准文件5年备查。 2. 凭出口日期在2007年12月31日（含）前的出口货物报关单及外汇局核准文件办理待核查账户资金结汇或划出的，银行不得为其出具出口收汇核销专用联。

四、待核查账户资金退汇、结汇与划转核准

> **办理依据**
> 1.《中华人民共和国外汇管理条例》(中华人民共和国国务院令第532号)
> 2.《出口收汇核销管理办法》(汇发[2003]91号)
> 3.《出口收汇核销管理办法实施细则》(汇发[2003]107号)
> 4. 国家外汇管理局、商务部、海关总署《关于印发〈出口收结汇联网核查办法〉的通知》(汇发[2008]29号)
> 5. 国家外汇管理局《关于实施〈出口收结汇联网核查办法〉有关问题的通知》(汇发[2008]31号)
> 6. 国家外汇管理局综合司《关于在出口与收汇主体不一致情况下实施联网核查有关问题的通知》(汇综发[2008]122号)

1. 退汇核准

(1) 审核材料

1) 未出口报关但已预收全部或部分货款后因故终止执行合同的:

①书面退汇申请(说明是否为待核查账户中的外汇);

②出口合同;

③终止执行合同证明或退汇协议;

④出口收汇核销专用联或银行出具的收汇凭证;

⑤相关证明材料。

2) 已出口且已核销的:

①书面退汇申请(说明是否为待核查账户中的外汇);

②出口合同;

③退汇协议及相关证明材料;

④核销单退税联正本或税务部门出具的未退税(或已补税)证明;

⑤加盖海关"验讫"章并注明"退运货物"字样的进口货物报关单(退货赔付时提供);

⑥相关证明材料。

3）境外将货款错汇入境内未核销的：

①书面退汇申请（说明是否为待核查账户中的外汇）；

②外方要求退汇函件；

③出口收汇核销专用联或银行出具的收汇凭证；

④相关证明材料。

(2) 审核原则

1）须经外汇局直接审核；

2）外汇局审核企业提交单证的真实性及一致性后，在出口收汇核报系统中进行退赔业务操作，并向企业出具"已冲减出口收汇与核销证明"（以下简称冲减证明）；

3）对于相应货物已出口的，外汇局要在冲减证明上注明"须联网核查"字样，并加盖出口收汇核销监管业务章；

4）对于错汇或相应货物尚未出口的，外汇局要在冲减证明上注明"不须联网核查"字样，并加盖出口收汇核销监管业务章。

(3) 注意事项

1）对于企业经常项目外汇账户中外汇资金的退汇，按现行出口收汇核销管理有关退赔外汇的相关规定办理。

2）对于待核查账户中外汇资金的退汇，银行应根据外汇局在冲减证明上的签注办理相应的联网核查和退汇手续。未经外汇局签注的冲减证明不得用于办理待核查账户中外汇的退汇。

3）外汇局办理核准手续后，应留存收汇单位书面退汇申请和相关证明材料复印件备查，并建立台账逐笔登记。

2. 出口与收汇主体不一致的资金结汇与划转核准

(1) 审核材料

1）收汇单位书面申请；

2）出口单位书面授权证明；

3）出口合同或协议；

4）银行出具的收汇凭证；

5）相关证明材料。

(2) 审核原则

1) 须经外汇局直接审核;

2) 对于因专营商品、经批准的总分(子)公司关系、经外汇局批准实行集中收付汇或收汇单位合并、分立等导致收汇单位与出口单位不一致的,外汇局审核企业提交单证的真实性及一致性后,可向企业出具核准文件,并加盖出口收汇核销监管业务章。

(3) 注意事项

1) 除下列情况外,自 2009 年 1 月 1 日起,企业的出口收汇业务应按照《出口收结汇联网核查办法》(汇发[2008]31 号)和国家外汇管理局《关于实施〈出口收结汇联网核查办法〉有关问题的通知》(汇发[2008]31 号)的相关规定办理,即出口单位、收汇单位、联网核查单位三者必须一致:

①收汇日期在 2008 年 12 月 31 日前且符合审核原则相关规定的;

②在 2008 年 7 月 28 日(含)前已签订出口合同且合同规定在 2009 年 1 月 1 日以后收汇,同时符合审核原则相关规定的;

③收汇单位因合并、分立导致收汇单位与出口单位不一致的。

2) 外汇局办理核准手续后,应留存收汇单位书面申请和相关证明材料复印件备查,并建立台账,逐笔登记核准件编号、核准日期、申请企业、收汇申报号码、金额、币别、不一致原因等主要内容。

3. 凭出口日期在 2007 年 12 月 31 日(含)前的出口货物报关单办理收结汇核准

(1) 审核材料

1) 企业书面申请;

2) 盖有海关验讫章的出口收汇核销单;

3) 盖有海关验讫章的出口货物报关单;

4) 银行出具的收汇凭证(资金已入待核查账户的提供);

5) 出口合同;

6) 其他相关证明材料。

(2) 审核原则

1) 相应出口在 2008 年 7 月 14 日前未办理出口收汇核销手续的,经外汇局审核企业提交单证的真实性及一致性无误,按照出口逾期未收汇有关规定进行如下处理：

①督促企业并按规定为其办理出口收汇核销手续，企业办理核销时可依据银行出具的收汇凭证代替出口收汇核销专用联；

②按规定移交检查部门予以查处。

2) 外汇局进行上述处理后，向企业出具核准文件，并加盖出口收汇核销监管业务章。

(3) 注意事项

1) 相应出口已办理远期收汇备案且备案的远期收汇日期在2008年7月14日之后的，不予核准。相应报关单金额已计入核查系统"其他贸易方式报关单可收汇余额"；

2) 相应出口在2008年7月14日前已办理出口收汇核销手续的，不予核准；

3) 外汇局办理核准手续后，应留存收汇单位书面申请和相关证明材料复印件备查，并建立台账逐笔登记。

4. 因企业错误说明或银行工作失误导致的错误入账的资金结汇与划转核准

(1) 审核材料

1) 企业书面申请；

2) 加盖业务公章的银行书面情况说明（因银行工作失误的提供）；

3) 银行出具的收汇凭证；

4) 涉外收入申报单；

5) 属于资本项目资金的提供资本项目外汇账号；

6) 其他相关证明材料。

(2) 审核原则

1) 外汇局审核企业提交单证的真实性及一致性无误后，根据资金性质，出具核准件；

2) 属于资本项目外汇的，不得直接结汇，外汇局须在核准件上注明核准资金划转入账的账号。

(3) 注意事项

1) 货物贸易项下收汇直接汇入经常项目外汇账户的，银行可根据企业的更正说明,为其办理该笔收汇划入待核查账户的手续。

2)其他外汇收入错入待核查账户的,由外汇局直接审核。外汇局办理核准手续后,应留存收汇单位书面申请和相关证明材料复印件备查,并建立台账逐笔登记。

5. 因客观原因形成的多收汇差额资金的结汇与划转核准

(1)审核材料

1)企业书面申请;

2)银行出具的收汇凭证;

3)加盖海关验讫章的出口货物报关单;

4)其他相关证明材料。

(2)审核原则

1)须经外汇局审核;

2)对于因海关审价、大宗散装商品溢短装、汇率变动或市场行情变动等客观原因形成的多收汇,外汇局审核企业提交单证的真实性及一致性无误后,可向企业出具核准文件,并加盖出口收汇核销监管业务章。

(3)注意事项

外汇局办理核准手续后,应留存收汇单位书面申请和相关证明材料复印件备查,并建立台账逐笔登记。

6. 其他特殊情况的资金结汇与划转核准

(1)审核材料

1)企业书面申请;

2)银行出具的收汇凭证;

3)其他相关证明材料。

(2)审核原则

1)须经外汇局直接审核;

2)对于模具费、转让信用证项下属于第一受益人的佣金或差价收入等,外汇局审核企业提交单证的真实性及一致性无误后,可向企业出具核准文件,并加盖出口收汇核销监管业务章。

(3) 注意事项

外汇局办理核准手续后，应留存收汇单位书面申请和相关证明材料复印件备查，并建立台账逐笔登记。

五、出口收结汇联网核查系统应急预案

> **办理依据**
>
> 国家外汇管理局综合司《关于印发〈出口收结汇联网核查系统及进口报关单联网核查系统应急预案〉的通知》(汇综发[2008]123号)

1. 应急预案的启动

(1) 审核原则

1) 核查系统发生全国性系统故障并导致系统瘫痪时，由国家外汇管理局发文或在应急信息发布平台上发布信息，启动应急预案。

2) 核查系统发生系统故障并导致区域性系统瘫痪时，由所在地外汇局发文或以其他方式，启动应急预案并报国家外汇管理局经常项目管理司、信息中心和综合司(值班室)备案。

(2) 注意事项

外汇局应建立台账逐笔登记每次应急预案起止时间，并留存相关文件备查。

2. 应急处置措施

(1) 审核材料

1) 出口报关项下待核查账户内资金结汇或划出的
①出口收汇说明；
②加盖海关验讫章的出口货物报关单(收汇核销联)正本及复印件。

2) 按规定不需办理货物报关项下待核查账户内资金结汇或划出的
①出口收汇说明；
②盖有银行业务公章的涉外收入申报单(申报主体留存联)正本；

③各类型无货物报关出口应提供的相应单证(同"按规定不需办理货物报关项下的出口收汇"相关规定)。

(2) 审核原则

核查系统故障期间,银行应以手工操作方式为企业办理待核查账户资金结汇或划出手续。

(3) 注意事项

1)银行在核查系统故障期间办理待核查账户内资金结汇或划出业务,应在相应单证正本上签注已结汇或划出情况并加盖银行业务公章,留存出口收汇说明及相关单证复印件5年备查;同时,银行应登记详细的"结汇与划出未核查台账",并留存6个月备查。

2)核查系统故障期间银行发现可疑、异常交易情况的,应不予办理。

3)银行应随时关注核查系统运行情况,系统恢复正常后,应立即按照正常业务流程通过核查系统办理待核查账户资金结汇或划出业务。

3. 事后补救措施

(1) 审核原则

核查系统恢复正常后6个工作日内,银行应使用银行和企业电子口岸操作员IC卡,按照"结汇与划出未核查台账"记录,进行事后联网核查,并在核查系统中冲销企业可收汇额。

(2) 注意事项

银行发现核查系统中无可收汇额等不能联网核查的,应于5个工作日内向所在地外汇局报告。外汇局接到银行报告后,应及时核实情况,发现异常收汇的移交外汇检查部门进行查处。

六、罚则

> **办理依据**
>
> 1.《行政处罚法》(中华人民共和国主席令[1996]第063号)
> 2.《中华人民共和国外汇管理条例》(中华人民共和国国务院令第532号)
> 3. 国家外汇管理局、商务部、海关总署《关于印发〈出口收结汇联网核查办法〉的通知》(汇发[2008]29号)
> 4. 国家外汇管理局《关于实施〈出口收结汇联网核查办法〉有关问题的通知》(汇发[2008]31号)
> 5. 国家外汇管理局《关于货物贸易项下违反外汇管理行为有关处罚问题的通知》(汇发[2008]34号)
> 6. 国家外汇管理局综合司《关于凭纸质出口报关单办理贸易收结汇有关问题的通知》(汇综发[2008]118号)
> 7. 国家外汇管理局综合司《关于印发〈出口收结汇联网核查系统及进口报关单联网核查系统应急预案〉的通知》(汇综发[2008]123号)

1. 违规行为

(1) 企业违规行为

①未经外汇局核准,贸易项下收汇不通过核查系统进行联网核查的;

②自收汇之日起180天内未办理核销且无正当理由说明原因的;

③未核销收汇总量达到等值500万美元且无正当理由不说明原因的;

④凭伪造、涂改、借用的纸质出口货物报关单办理待核查账户资金结汇或划出的;

⑤凭已收汇或已进料抵扣收汇的纸质出口货物报关单重复办理待核查账户资金结汇或划出的。

(2) 银行违规行为

①办理企业出口收汇不进入待核查账户而进入其他账户的;

②变相利用核查系统应急措施不通过核查系统办理待核查账户资金结汇或划出的。

2. 处罚

按"办理依据"中的规定处罚。

七、出口收结汇联网核查政策相关问题解答

1. 对于进入待核查账户的出口收汇，银行应在何时出具出口收汇核销专用联？

答：企业出口收汇进入待核查账户，银行应在按规定进行联网核查并为企业办理结汇或划出后，为企业出具出口收汇核销专用联。银行对于企业从待核查账户划入经常项目外汇账户的资金，不得再出具出口收汇核销专用联。

银行出具的出口收汇核销专用联应与对应收汇的申报单号码一一对应。

2. 待核查账户中的外汇能否用于质押人民币贷款？

答：待核查账户中的外汇不能用于质押人民币贷款。

3. 贸易项下收汇何时进行国际收支申报？

答：有关货物贸易项下从境外收到的款项，应当按照《通过金融机构进行国际收支统计申报业务操作规程（试行）》[见国家外汇管理局《关于新版国际收支统计监测系统推广上线有关事项的通知》（汇发[2006]57号）的附件3]的规定办理国际收支统计间接申报，即收到境外款项的申报主体，应在解付银行解付之日或结汇中转行结汇之日起5个工作日内办理该款项的申报。

4. 银行如何办理企业贸易融资项下出口收汇的联网核查？

答：贸易融资项下出口收汇应区分以下几类情况办理核查：

（1）银行向企业提供外币形式贸易融资（打包放款除外）的，应在提供融资服务（放款）时进行联网核查，对应外汇应进入企业的待核查账户，银行按规定登录核查系统进行收汇核注（在核查系统中录入实际结汇或者划出金额，扣减对应可收汇额）后，在相应可收汇额范围内为企业办理结汇或划出手续。

此类业务项下企业实际从境外收回的出口货款直接偿还给银行，不进入待

核查账户,不必接受联网核查。

如此类业务项下有余款不需偿还银行的,对应外汇应进入企业的待核查账户并由银行进行联网核查。

(2)银行向企业提供人民币形式贸易融资(打包放款除外)的,应在提供融资服务前进行联网核查(在核查系统中录入相应的放款金额,扣减对应可收汇额),联网核查后银行放款不进入待核查账户。

此类业务项下企业实际从境外收回的出口货款直接偿还给银行,不进入待核查账户,不必接受联网核查。

如此类业务项下有余款不需偿还银行的,对应外汇应进入企业的待核查账户并由银行进行联网核查。

(3)银行向企业提供打包放款形式贸易融资的,在放款时不必进行联网核查,对应外汇不进入待核查账户。

此类业务项下企业实际从境外收回的出口货款应进入待核查账户并由银行进行联网核查。若企业实际从境外收汇时,由于出口可收汇额不足,无法使用待核查账户中外汇全额偿还银行的融资款,差额部分可由企业使用经常项目外汇账户中外汇或购汇支付。

有关境内银行提供货物贸易融资项下的出口收汇,仍应当按照《通过金融机构进行国际收支统计申报业务操作规程(试行)》[见国家外汇管理局《关于新版国际收支统计监测系统推广上线有关事项的通知》(汇发[2006]57号)的附件3]的规定办理国际收支统计间接申报。

5. 对于保税监管区域企业,银行如何区分其贸易收汇是保税项下还是非保税项下?

答:银行在收到保税监管区域企业的一笔外汇收入时,应首先根据信用证、托收的条款或者汇款指示、交易附言等信息判断该笔收汇性质,无法判断的,应要求企业说明(说明是否是非保税货物出口收汇)。对属于非保税货物出口收汇的,应严格进入待核查账户进行管理。

6. 一笔收汇既有货物贸易也有服务贸易的,银行如何办理入账和核查?

答:企业应依据国际收支统计申报的规则确定收汇资金性质。企业一笔收汇既有货物贸易也有服务贸易的,且按规定应申报为货物贸易项下的,应进入待核查账户并由银行进行联网核查。

企业待核查账户中由于上述原因形成的非货物贸易收汇,经外汇局审核无误后,可办理结汇或划转至同一企业的经常项目外汇账户。

7. 远期结汇是否纳入核查范围?何时核查?

答:根据国家外汇管理局《关于外汇指定银行对客户远期结售汇业务和人民币与外币掉期业务有关外汇管理问题的通知》(汇发[2006]52号),远期结售汇业务实行履约审核。远期合约到期时,银行凭客户提供的相应有效凭证为其办理结售汇。凡按照外汇管理规定可办理即期结售汇的外汇收支,均可用于办理远期结售汇履约。

8. 边境小额贸易以人民币结算的,是否需要核查?如何进行联网核查?

答:企业边境小额贸易以人民币结算的,在银行为其出具出口收汇核销专用联前进行联网核查。

9. 企业出口退汇应如何办理?退汇时是否需要核查?如何核查?

答:企业因故申请将出口收汇退回境外的,应向外汇局说明是否是待核查账户中外汇,并按照外汇局出口收汇核销管理有关退赔外汇的相关规定办理。退汇时是否需要联网核查,视具体情况处理:

(1)企业经常项目外汇账户中外汇的退汇,不需联网核查。

(2)企业待核查账户中外汇的退汇:外汇局在审核真实性后,对于相应货物已出口的,在已冲减出口收汇与核销证明(以下简称冲减证明)上注明"需联网核查"字样并加盖出口收汇核销监管业务章;对于错汇的,在证明上注明"不需联网核查"字样并加盖出口收汇核销监管业务章。银行应根据外汇局在证明上的签注办理相应的联网核查和退汇手续。未经外汇局签注的证明不得用于办理待核查账户中外汇的退汇。

10. 境内收货境外收汇的是否需要核查?如何核查?

答:招标项下,境外采购商向境内供货商购买商品,该商品在境内使用(不运往境外或境内特殊经济区域,不需办理出口报关手续),并且境内供货商在收到境外汇入的货款时应申报为货物贸易项下的,对于此类收汇可比照"按规定不需办理货物报关项下的出口收汇"办理核查和登记。

11. 开展集中收付汇业务的企业如何进行联网核查？

答：根据"谁出口，谁收汇，谁核查"的原则，开展集中收付汇业务企业的各子公司须开立待核查账户，其出口收汇必须进入待核查账户，并经联网核查后方可划转至该企业办理集中收付汇的经常项目外汇账户。以前做法与出口收结汇联网核查相关政策相抵触的，以出口收结汇联网核查相关政策规定为准。

12. 企业的现钞收入是否需要接受联网核查？如何核查？

答：企业的现钞收入需要接受联网核查，但不必进入待核查账户。企业办理出口对应的现钞收入结汇或存入经常项目外汇账户时应填写出口收汇说明，银行应登录核查系统进行联网核查后方可为企业办理相关手续。

13.《出口收汇核销管理办法》规定，对于按规定不需办理货物报关项下的出口收汇，企业在办理结汇或者划出资金时，应向银行提供盖有银行业务公章的涉外收入申报单正本和邮寄货物清单。"邮寄货物清单"具体指什么？

答：按规定不需办理货物报关却有出口收汇的情况，主要包括未达到海关规定申报金额的邮寄出口等。企业在办理待核查账户中此类收汇的结汇或划出时，应提供盖有银行业务公章的涉外收入申报单（申报主体留存联）正本和相应的单证来证明其真实交易背景。对属于未达到海关规定申报金额的邮寄出口，应提供邮寄货物清单，具体是指快递公司为企业出具的业务收据，无法提供收据的，以企业出具的清单代替。

14. 企业进口付汇项下的退汇款应如何处理？

答：对于进口付汇项下的退汇款，企业应向银行提供进口合同、贸易进口付汇核销单正本，经银行审核无误后，该笔外汇不必进入企业的待核查账户。

15. 国家外汇管理局《关于加强进口延期付汇、远期付汇管理有关问题的通知》（汇发[2005]8号）是否还继续执行？

答：国家外汇管理局《《关于实行企业货物贸易项下外债登记管理有关问题》的通知》（汇发[2008]30号）正式实施后，国家外汇管理局《《关于加强进口延期付汇、远期付汇管理有关问题〉的通知》(汇发[2005]8号)停止执行。

16. 企业在 2008 年 7 月 14 日前的收汇是否需要接受核查?

答:企业在 2008 年 7 月 14 日前进入经常项目外汇账户的出口收汇不在联网核查范围内。

17. 软件出口项下收汇是否需要核查?

答:采取海关通关方式的软件出口,按货物贸易申报,其收结汇纳入联网核查范围;采取网上传输方式的软件出口,按服务贸易申报,其收结汇不纳入联网核查范围。

18. 银行如何为企业开立待核查账户?

答:企业的待核查账户可由银行直接以企业名义开立,无须企业申请,也无须外汇局审核。

企业未在外汇局办理过基本信息备案的,在开立待核查账户前,应首先到外汇局办理基本信息备案;已在银行开立经常项目外汇账户的,银行可直接为其开立待核查账户。

19. 待核查账户中的资金可否直接对外支付?

答:待核查账户支出要严格按照外汇局关于其支出范围的规定办理,不得用于对外支付或还贷。待核查账户中的资金必须先划入该企业经常项目外汇账户方可用于对外支付货款、还贷等支出。

20. 待核查账户余额如何计息?利息如何结汇或划转?

答:待核查账户余额按活期存款计息。利息结汇或划转按照现行相关管理规定办理,不需要核查。

21. 银行如何管理进入待核查账户的不同币种的资金?

答:待核查账户应分币种设置子账户管理。银行可否应企业要求将收到的外汇统一兑换成某一外汇币种(非人民币)存放在账户中,根据现行规定办理,《出口收汇核销办法》对此没有特殊规定或限制。

22. 由于企业错误申报或银行工作失误而导致的资金错误入账的情况如何处理？

答：银行在为企业办理入账前要认真审核资金性质，无法判断的要及时与企业联系，尽可能避免出现此类失误。

由于企业错误申报或银行工作失误而导致资金错误入账的应区分以下两种情况处理：

（1）货物贸易项下收汇直接入了经常项目外汇账户的，银行可根据企业的更正说明，为其办理该笔收汇划入待核查账户的手续；

（2）服务贸易、资本项下收汇误入待核查账户的，经外汇局核准后，银行方可为企业办理从待核查账户划转至经常项目外汇账户或其他外汇账户的手续。

23. 用于进口付汇联网核查的企业操作员 IC 卡和读卡器是否同样适用于出口收结汇联网核查？

答：用于进口付汇联网核查的企业操作员 IC 卡和读卡器同样适用于出口收结汇联网核查，使用前应先经企业法人 IC 卡在中国电子口岸进行授权。企业操作员 IC 卡已经有出口收汇权限的不需要重新授权。

24. 银行向企业提供贸易融资服务，在 2008 年 7 月 14 日前已放款，但企业出口货款在 7 月 14 日之后从境外收回的，这部分款项是否需要核查？

答：银行向企业提供打包放款形式贸易融资的，企业出口货款从境外收回时需要接受核查；银行向企业提供出口押汇、福费廷、保理等形式贸易融资，在 2008 年 7 月 14 日前已放款，但企业出口货款在 7 月 14 日之后从境外收回的，这部分出口收汇（包括余款）不必进入待核查账户，不需要接受核查。

25. 转让信用证项下贸易收汇如何核查？

答：按照国际收支申报的有关规定应申报为货物贸易的转让信用证项下收汇应进入企业的待核查账户，按规定接受联网核查。

转让信用证项下贸易收汇，银行应当根据转让信用证相关约定判断款项归属，并按照"谁出口，谁收汇，谁核查"的原则进行解付，其中属于第二受益人的出口收汇应直接划转至第二受益人的待核查账户。

属于第一受益人佣金或差价收入的，经外汇局核准后，可以办理待核查账户资金结汇或转出。

26. 境内交货境外收汇的，银行如何办理联网核查？需要审核哪些单证？

答：按规定应申报为货物贸易的符合规定的境内交货境外收汇，应当进入待核查账户。需要结汇或划出资金时，收汇单位（境内供货商）应向银行提供出口收汇说明、企业操作员 IC 卡、与境外采购商签订的购销协议或加工合同、发票、货运单据、盖有银行业务公章的涉外收入申报单正本、情况说明函。银行应在审核收汇单位提交的上述证明材料后，登录核查系统，参照"按规定不需要办理货物报关项下的出口收汇"，记录对应的涉外收入申报号和收汇金额后为其办理相关手续。对此类收汇，银行不得为收汇单位出具出口收汇核销专用联。

27. 一笔出口收汇分次联网核查的，银行应如何出具出口收汇核销专用联？

答：一笔出口收汇分次联网核查的，银行应在对该笔收汇进行第一次联网核查后出具全额的出口收汇核销专用联，在核销专用联上签注相应的已联网核查金额并复印留底。外汇局以银行签注的已联网核查金额为准为企业办理出口收汇核销手续。银行对该笔收汇进行第二次联网核查后，应在第一次复印留底的出口收汇核销专用联上签注第二次联网核查金额后提供企业，并再次复印留底。依此类推，直至该笔收汇联网核查完毕。

一笔出口收汇一次性全额进行联网核查的，银行无须在核销专用联上签注联网核查金额。

28. 企业 2008 年 7 月 1 日至 7 月 13 日期间出口对应的收汇应填写于出口收汇说明的哪个栏目内？

答：企业出口日期在 2008 年 7 月 1 日至 7 月 13 日期间的出口货物报关单数据由海关向出口收结汇联网核查系统提供，用于计算相应可收汇额。企业 2008 年 7 月 1 日至 7 月 13 日期间出口对应的收汇应填写于出口收汇说明相应贸易类别栏中，不得填写在"其他贸易"项下的"其中 2008 年 7 月 13 日前出口但 7 月 14 日后收汇的金额"栏内。

29. 银行进行联网核查时，误操作多核注的出口可收汇额如何处理？

答：银行可用负值冲减误操作多核注的数据，具体操作参见《出口收结汇联网核查系统操作手册(银行版)》。

30. 出口收汇单上的企业公章可否由企业预留银行的印鉴代替?

答:可以。

31. 待核查账户资金可否用于理财业务?

答:不可以。

32. 一笔贸易收汇中的银行扣费部分是否纳入联网核查范围?

答:一笔贸易收汇中的小额银行费用,在进入待核查账户前已被银行扣除的,该部分银行费用不纳入出口收结汇联网核查范围。

中国电子口岸出口收汇和进口付汇子系统

> **办理依据**
>
> 1. 海关总署公告 2003 年第 49 号《关于将"进口付汇报关单联网核查"项目由 169 网迁移到中国电子口岸 17999 专网运行》
> 2. 国家外汇管理局《关于印发〈货到汇款项下贸易进口付汇自动核销管理规定〉的通知》(汇发[2004]82 号)
> 3. 国家外汇管理局综合司《关于印发〈出口收结汇联网核查系统及进口报关单联网核查系统应急预案〉的通知》(汇综发[2008]123 号)

一、出口收汇子系统

出口收汇系统是海关总署联合国家外汇管理总局共同开发的出口收汇核销单和出口收汇报关单联网核查系统。系统为出口收汇核销单建立了电子底账数据,核销单的基本信息以及各部门对核销单的操作情况都将保存在电子口岸数据中心,供外汇管理局查询并进行核销单挂失等各项操作;同时系统将海关总署采集的各口岸海关"出口报关单核销联"电子数据经电子口岸数据中心传送至外汇管理局,方便外汇管理局核查报关单和核销单的真实性。

1. 功能特点

(1) 企业端

企业用户登录本系统可实现核销单网上申领、核销单出口口岸备案、核销单交单、核销单挂失、核销单各项信息综合查询等功能。对于出口收汇企业来说,系统具有以下特点:

1) 核销单和出口收汇报关单均有电子底账数据且一一对应,保证了企业提交数据的正确性、规范性和合法性。

2) 系统涵盖出口收汇全过程,方便了企业进行全程信息化管理。

3) 企业可直接通过本系统挂失空白核销单,简化了办事流程。

(2) 外汇端

外汇管理局用户登录本系统可实现核销单发放、核销单注销、核销单挂失、核销单禁用、撤销发单、挂失退税联、数据下载和核销单各项信息组合查询等功能;同时系统每日定时向外汇管理总局传输出口收汇报关单数据,外管局用户使用自身系统可查询出口收汇报关单信息。对于外管局用户来说,系统具有以下特点:

1) 系统提供核销单和出口收汇报关单电子数据供外管局用户查询,为外管局用户提供了可靠的核销依据,有效防止了企业伪造单据逃汇骗税的行为。

2) 系统提供核销单挂失、禁用、注销、撤销发单等操作功能,外管局用户可通过联网操作轻松修改核销单的状态。

3）系统自动生成核销单发放表、核销单撤销发放表等电子数据并提供给用户进行下载,降低了纸质表单的管理难度,提高了用户的管理效率。

(3) 海关端

海关用户登录本系统可实现核销单验核、反核、退单,核销单相关信息查询等功能;同时本系统将企业确认备案的核销单电子数据传输给海关内网,海关操作员可使用自身系统对核销单进行验核操作。

> **小辞典**
>
> 1. 口岸备案
>
> 出口企业使用核销单进行出口报关前,向报关地海关进行出口口岸备案,备案后,系统将向海关发送核销单电子数据。
>
> 2. 核销单注销
>
> 外汇管理局对发生全额退关、填错等情况的核销单进行注销。
>
> 3. 核销单挂失
>
> 出口企业在核销单尚未用于报关的情况下发生核销单丢失的情况,自行通过出口收汇系统进行挂失,或向所在地外管局申请挂失。
>
> 4. 核销单禁用
>
> 出口单位发生严重违反外汇管理规定行为或发生其他特殊情况的,外管局可以对其已领未用的核销单实施"禁用"处理。
>
> 5. 挂失退税联
>
> 出口企业在核销单已用于报关的情况下发生核销单丢失的情况,出口单位凭核销单以外的其他核销凭证向所在地外管局提出核销单退税联挂失。
>
> 6. 核销单验核
>
> 海关对用于出口报关的核销单进行验核通过。
>
> 7. 反核处理
>
> 海关对已验核通过的核销单撤销验核处理,该核销单可继续使用。

2. 系统业务流程

(1) 出口收汇系统网络结构和业务流程

出口收汇系统网络结构图如图 5-1 所示。

(2) 系统业务流程

系统业务流程图如图 5-2 所示。

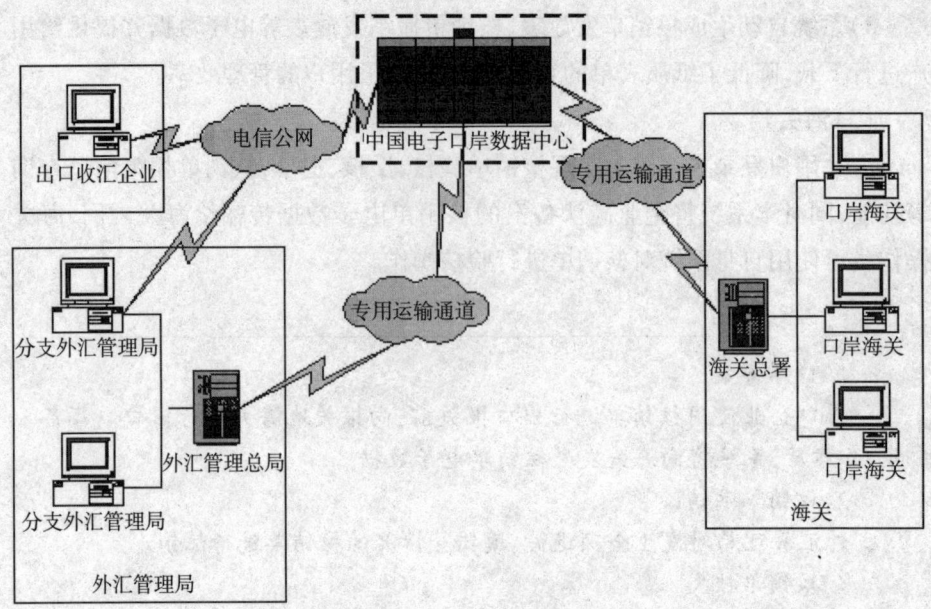

图 5-1　出口收汇系统网络结构图

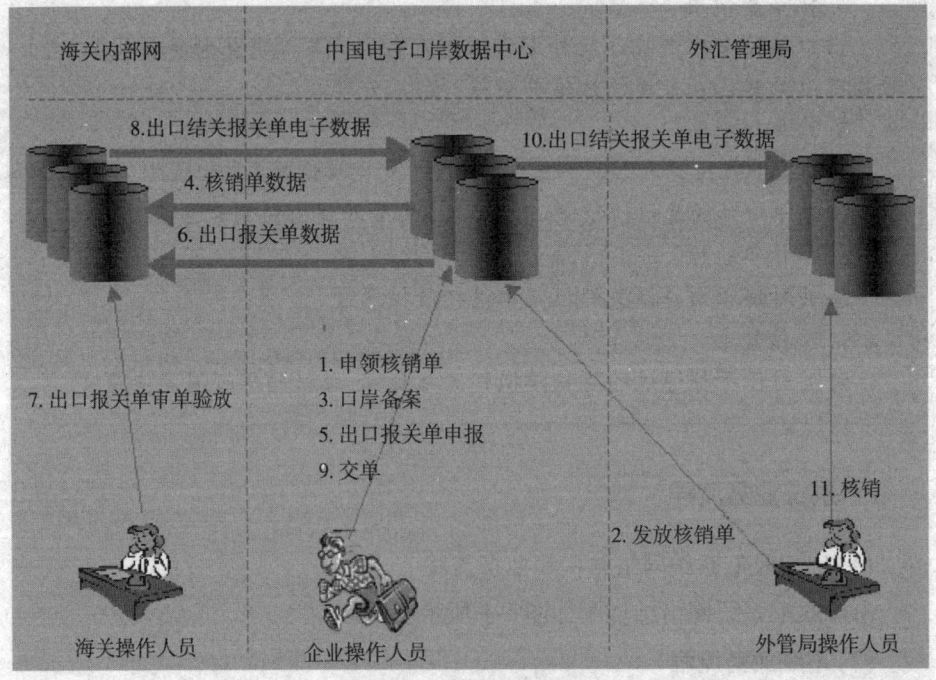

图 5-2　系统业务流程图

1) 申领核销单

企业操作员通过登录本系统企业界面申领核销单。

2) 外管局发放外汇核销单

企业持相关单据前往外汇管理局领取外汇核销单,外管局登录本系统外管局界面查询企业申请记录并向企业发放纸面核销单,发放的外汇核销单共三联(第1联为存根联供海关报关及企业向外管局交单使用、第2联供核销使用、第3联为退税专用)。

3) 口岸备案

核销单用于出口报关前,企业操作员登录本系统企业界面对核销单进行口岸备案。

4) 核销单数据传输

备案后,系统向海关内网传输核销单数据。

5) 出口报关单申报

出口企业使用中国电子口岸报关申报系统进行报关申报。

6) 出口报关单数据传输

系统向海关内网传输企业申报的出口报关单数据。

7) 出口报关单审单验放

海关操作员使用自身系统对出口报关单进行审单验放。

8) 出口结关报关单数据传输

海关系统通过专有通道向中国电子口岸数据中心传输已结关出口报关单电子数据。

9) 交单

出口企业登录本系统查询海关已验核的核销单及其对应的报关单数据,向外汇管理总局提交报关单电子数据。

10) 出口结关报关单数据传输

系统将企业已交单确认的出口结关报关单数据传输至外汇管理总局。

11) 核销

出口企业收汇后,持相关单据到主管外汇管理局申请核销,外管局操作员使用自身系统查询从外汇管理总局接收的出口结关报关单数据,核对企业提交的纸质单据,对核销单进行核销。

3. 出口收汇系统主要功能

(1) 查询功能

因为本系统提供的查询功能在"口岸备案"、"企业交单"、"批量交单"、"组合查询"操作中都得到广泛的应用,所以能否正确使用本查询功能,将直接影响查询效率。

本系统共提供两种查询方式,分别为简单查询和组合查询。

(2) 核销单申请功能

企业用户可以通过核销单申领操作,向主管外汇局进行核销单的网上申领。

(3) 口岸备案

在使用核销单进行出口报关前,企业用户需要对核销单进行口岸备案。

(4) 批量备案

用户可以通过批量备案功能进行实现核销单在同一口岸的批量备案,从而提高企业的工作效率。

(5) 撤销备案

企业用户可通过本系统撤销已对某票核销单进行的口岸备案操作,但前提是该票报关单尚未用于出口报关。

(6) 企业交单

企业用户可通过本系统将海关已使用的核销单数据和报关单数据提交至主管外汇管理局。

(7) 批量交单

企业用户可通过本系统将海关已使用的核销单数据和报关单数据批量提交至主管外汇管理局。

(8) 核销单挂失

空白核销单发生丢失的情况,企业用户可通过本系统对核销单进行挂失,挂失的前提是核销单的外汇局状态为"有效",海关状态为"未用",核销单一经挂失后将不能使用。

(9) 组合查询

本系统提供了组合查询功能,企业可通过该功能查询核销单、报关单、核销单发放登记表、核销单申请表和核销单申请审批表的具体信息以及各部门操作状态。

二、进口付汇子系统

中国电子口岸"进口付汇"系统是将海关总署采集的全国各口岸海关"进口报关单外汇证明联"电子底账数据,存放到中国电子口岸数据平台,供全国各外汇管理分支局和外汇指定银行进行实时联网核查。

本系统同时为企业提供了强大的查询统计服务功能,而且还为企业设计了通过登录电子口岸利用网络将报关单电子数据交由指定银行或外汇局进行付汇业务和直接持 IC 卡到指定银行或外汇局进行付汇业务两种模式,企业用户可以根据自己的需要自主选择。

1. 查询功能

因为本系统提供的组合查询功能在"交单"、"批量交单"、"综合查询"操作中都得到广泛的应用,所以能否正确使用本查询功能,将直接影响查询效率。

查询功能分为简单查询和组合查询两种。简单查询就是输入单项查询数据进行查询,组合查询是输入多项查询数据进行组合的查询。

2. 交单功能

交单为可选择性操作,不是企业必须进行的操作环节。

企业如不进行交单操作,则按现行规定持纸质进口报关单、企业 IC 卡及其他凭证到外汇指定银行和外汇管理局办理进口付汇及核销手续。

企业如选择交单操作,即通过登录电子口岸利用网络将报关单电子数据提交外汇指定银行或外汇管理局后,到所选择的外汇指定银行和外汇管理局办理付汇及核销手续时,无须持企业 IC 卡,凭纸质进口报关单和其他规定的凭证即可办理相关手续。

如企业进行了交单操作后,需要在非交单银行和外汇局办理付汇及核销手续,须持该企业 IC 卡和相关单证办理。

3. 批量交单

企业用户可以通过批量交单操作,将报关单电子数据成批提交给外汇指定银行或外汇管理局,进行进口付汇及核销业务,从而提高企业交单的效率。

4. 综合查询

用户可以通过综合查询功能查找报关单核注情况和报关单操作明细情况。

三、企业办理电子口岸入网程序

1. 企业提出入网申请

企业到所在地的数据分中心或制卡代理点(联系电话可登录中国电子口岸综合服务网站 www.chinaport.gov.cn 查询,或拨打 010-65195656 直接向中国电子口岸热线咨询),领取并如实填写"中国电子口岸企业情况登记表"(见表5-1)和"中国电子口岸企业IC卡登记表"(见表5-2),由企业法人签字并加盖公章。

其中,中国电子口岸企业IC卡登记表填写企业法人卡持卡人信息及企业操作员卡持卡人信息,申请企业法人卡只填写"法人卡持卡人基本信息"栏,申请企业操作员卡需要填写"操作员卡持卡人基本信息"栏及其以下内容。企业如申请多张操作员卡,则须按照企业指定的操作员人数每人填写一份。

2. 企业信息备案

企业到所在地的数据分中心或制卡代理点进行企业信息的备案工作,各类企业进行备案所携带的文件(正本或副本原件及复印件)如下:

(1)进出口企业、外贸中介服务企业需要携带:

1)企业法人营业执照或企业营业执照;

2)税务登记证或外商投资企业税务登记证;

3)中华人民共和国组织机构代码证,包括电子副本IC卡;

4)报关单位登记注册证明,如企业有报关员,要带报关员证;

5)企业负责人签字并加盖公章的中国电子口岸企业情况登记表和中国电子口岸企业IC卡登记表;

6)企业如需要办理外经贸或外汇管理等部门业务,还需要提供中华人民共和国进出口企业资格证书或中华人民共和国外商投资企业批准证书或对外贸易经营者备案登记表、外汇核销资格证明等文件资料。

（2）加工贸易企业、外贸货主单位需要携带：

1）企业法人营业执照或企业营业执照；

2）税务登记证或外商投资企业税务登记证；

3）中华人民共和国组织机构代码证，包括电子副本IC卡；

4）企业负责人签字并加盖公章的中国电子口岸企业情况登记表和中国电子口岸企业IC卡登记表；

5）企业如需办理海关、外经贸或外汇管理等部门业务，还需要分别提供报关单位登记注册证明（如企业有报关员，需要带报关员证）、中华人民共和国进出口企业资格证书或中华人民共和国外商投资企业批准证书或对外贸易经营者备案登记表、外汇核销资格证明等文件资料。

数据分中心或制卡代理点根据企业提供的上述材料，进行企业信息备案工作，并生成中国电子口岸企业入网资格审查记录表，由企业到技术监督局、工商局、税务局审批。

3. 企业入网资格审批

企业持中国电子口岸企业入网资格审查记录表，并分别携带中华人民共和国组织机构代码证、企业法人营业执照或企业营业执照、税务登记证或外商投资企业税务登记证到所在地技术监督局、工商局、税务部门进行企业入网资格审批工作。

4. 制作企业法人卡和操作员卡

企业持经所在地技术监督局、工商局、税务局审批的中国电子口岸企业入网资格审查记录表到所在地的数据分中心或制卡代理点，制作企业法人卡。

企业持法人卡登录中国电子口岸身份认证系统，使用"制卡发卡"功能导入（或在线录入）企业操作员信息并申报。数据分中心或制卡代理点工作人员在线审批操作员信息后，即可制作企业操作员卡。

5. 业务部门审批

进出口企业、外贸中介服务企业进行海关业务之前必须由海关部门进行相关审批工作。此外,各类企业如需要办理海关、外汇、外贸等相关业务,也必须分别向上述业务部门进行审批。

企业持法人卡登录中国电子口岸身份认证系统,使用"数据备案"功能向相关业务部门进行企业和 IC 卡等信息的备案。

企业分别携带报关单位登记注册证明、中华人民共和国进出口企业资格证书或中华人民共和国外商投资企业批准证书或对外贸易经营者备案登记表、外汇核销资格证明等文件到所在地海关、外贸部门、外汇部门进行相关业务部门的审批工作。

6. 企业领取 IC 卡等软硬件设备

企业领卡人持单位介绍信、本人身份证明到所在地的数据分中心或制卡代理点,缴纳 IC 卡、读卡器、客户端数据库软件的成本费用后,领取上述软硬件设备。同时,可免费获得中国电子口岸系统安装盘一张。

7. 购买 95199 上网卡

企业操作员登录电子口岸办理业务之前,需要通过中国电子口岸综合服务网站"在线售卡"栏目购买 95199 上网卡(售卡咨询电话:010-65194706)。

表5-1 中国电子口岸企业情况登记表

企业主要管理人员信息海关备案

组织机构代码											
企业名称											
姓　　名			性　　别				学　　历				
出生日期					国籍／地区						
职　　务			联系电话				证件类别				
证件号码											
住　　址											
备　　注											
姓　　名			性　　别				学　　历				
出生日期					国籍／地区						
职　　务			联系电话				证件类别				
证件号码											
住　　址											
备　　注											

企业信息外汇局备案

主管外汇局	国家外汇管理局北京外汇管理部		
核销联系人		核销开户日期	
联系电话		电子邮箱	
行业代码		企业性质	
人民币注册资金（万元）	外币注册币种		外币注册资金（万元）
最初成立日期		截止有效日期	

企业银行账号信息

开户银行名称	
开户银行账号	

企业向海关申请权限

□ 进口业务	□ 出口业务

企业向外汇局申请权限

□ 出口结汇	□ 进口付汇

申请单位签章：

年　月　日

填表说明:

一、请逐项填写清楚,企业法定代表人签字并加盖企业公章。

二、"企业主要管理人员信息海关备案"栏:

1. 本栏根据海关对企业注册登记备案的有关要求填写,填写企业法定代表人、财务主管等管理人员信息;

2. 组织机构代码:填写中华人民共和国组织机构代码证上的组织机构代码;

3. 学历:选择填写代码及名称0)高中以下,1)高中,2)中专,3)大专,4)大学,5)硕士,6)硕士以上;

4. 职务:选择填写代码及名称1)董事长,2)总经理,3)副总经理,4)会计主管,5)法律顾问,6)厂长,7)副董事长,8)副厂长,9)董事,10)部门主管,11)其他;

5. 证件类别:选择填写代码及名称01)身份证,02)军官证,03)警官证,04)军队文职证,05)军队离退休证,06)护照,07)居留证。

三、"企业信息外汇局备案"栏:

1. 主管外汇局:企业注册所在地外汇局;

2. 核销开户日期:外汇局审批通过企业备案的日期,如无可不填;

3. 电子信箱:非必填项,如无可不填;

4. 行业代码:选择填写代码及名称001)农林牧渔业,002)采掘业,003)制造业,004)电力、煤气及水的生产和供应业,005)建筑业,006)地质勘探和水力管理业,007)交通运输、仓储及通信业,008)批发和零售贸易餐饮业,009)金融保险业,010)房地产业,011)社会服务业,012)卫生体育和社会福利业,013)教育文化艺术及广播电影电视业,014)科学研究和综合技术服务业,015)国家机关、政党机关和社会团体,016)其他;

5. 企业性质:选择填写代码及名称11)中资国有企业,12)中资集体企业,13)中资私营企业,14)中资个体企业,15)中资联营企业,16)中资股份企业,21)港、澳、台与内地合资企业,22)港、澳、台与内地合作企业,23)港、澳、台独资企业,24)港、澳、台投资股份制企业,31)中外合资企业,32)中外合作企业,33)外商独资企业,34)外商投资股份制企业,99)其他经营组织形式;

6. 人民币注册资金:企业工商营业执照上注明的注册人民币资金,如未注明可不填;

7. 外币注册币种:企业工商营业执照上注明的外币注册资金币种,如未注明可不填;

8. 外币注册资金:企业工商营业执照上注明的外币注册资金,如未注明可不填;

9. 最初成立日期:企业工商营业执照上登记的营业期限起始日,如未注明可不填;

10. 截止有效日期:企业工商营业执照上登记的营业期限截止日,如未注明可不填。

四、"企业向海关申请权限"栏:根据企业情况在"□"中打"√"。

五、"企业向外汇局申请权限"栏:根据企业情况在"□"中打"√"。

表 5-2　中国电子口岸企业 IC 卡登记表

法人卡持卡人基本信息

持卡人姓名		性　　别	
国籍/地区		职　　务	
联系电话/BP		证件类别	
证件号码			

操作员卡持卡人基本信息

持卡人姓名		性　　别	
学　　历		证件类别	
证件号码			
出生日期		国籍（地区）		职务	
户口地址			
用户地址			
邮　　编		电子信箱	
联系电话		传　　真	

报关员备案信息

考试成绩		条码号	
报关员证号		报关类别	
发证日期		注册有效期	
备　　注			

操作员向海关申请权限

报关单	□ 录入	□ 申报

操作员向外汇局申请权限

出口收汇 进口付汇	□ 录入	□ 申报

申请单位签章：

年　月　日

填表说明:

一、请逐项填写清楚,企业负责人签字并加盖公章。

二、"法人卡持卡人基本信息"栏:

1. 法人卡持卡人需要填写本单位法人代表信息;

2. 职务:填写法人卡持卡人职务;

3. 证件类别:选择填写代码及名称01)身份证,02)军官证,03)警官证,04)军队文职证,05)军队离退休证,06)护照,07)居留证。

三、"操作员卡持卡人基本信息"栏:

1. 进出口企业:操作员持卡人应为具体做外汇核销业务的人员,此持卡人须与表5-1中的核销联系人项统一;

代理报关企业:操作员卡持卡人应为具有报关员证的报关员;

2. 学历:选择填写代码及名称0)高中以下,1)高中,2)中专,3)大专,4)大学,5)硕士,6)硕士以上;

3. 职务:填写操作员卡持卡人职务;

4. 电子信箱:非必填项,如无可不填;

5. 传真:非必填项,如无可不填。

6. 户口地址:填写操作员身份证件上的地址;

7. 用户地址:填写操作员所属单位地址。

四、"报关员备案信息"栏:

1. 本栏为经海关审批的报关员填写,非报关员不需要填写;

2. 考试成绩:报关员资格考试成绩;

3. 条码号:报关员卡上的条形码号;

4. 报关员证号:报关员证上的报关员号码;

5. 报关类别:报关员所属企业的报关类别,选择填写代码及名称0)无报关权,1)自理报关,2)代理报关,3)专业报关;

6. 发证日期:报关员证发证日期;

7. 注册有效期:报关员证上报关员年审有效期。

五、"操作员向海关申请权限"栏:

申请办理海关业务的操作员根据本人情况在"□"中打"√",申请"申报"权的必须是经海关审批的报关员;否则,只能申请"录入"权。

六、"操作员向外汇局申请权限"栏：

申请办理外汇业务的操作员根据本人情况在"□"中打"√"，申请"申报"权的必须是本单位负责外汇核销业务的人员。

附件1：境外汇款申请书样式和填写说明

境外汇款申请书
APPLICATION FOR FUNDS TRANSFERS (OVERSEAS)

hzbank

致：杭州银行
TO: BANK OF HANGZHOU

日期 Date：

□ 电汇 T/T □ 票汇 D/D □ 信汇 M/T	发电等级 Priority： □ 普通 Normal □ 加急 Urgent

申报号码 BOP Reporting No.	□□□□□□ □□□□	□□□□□□ □□□□
20 银行业务编号 Bank Transac. Ref. No.		收电行/付款行 Receiver/Drawn on
32A 汇款币种及金额 Currency & Interbank Settlement Amount		金额大写 Amount in Words
其中	现汇金额 Amount in FX	账号 Account No./Credit Card No.
	购汇金额 Amount of Purchase	账号 Account No./Credit Card No.
	其他金额 Amount of Others	账号 Account No./Credit Card No.
50a 汇款人名称及地址 Remitter's Name & Address		
		个人身份证件号码 Individual ID NO.
□ 对公 组织机构代码 Unit Code □□□□□□□□-□	□ 对私	□ 中国居民个人 Resident Individual □ 中国非居民个人 Non-Resident Individual
54/56a 收款银行之代理行名称及地址 Correspondent of Beneficiary's Bank Name & Address		
57a 收款人开户银行名称及地址 Beneficiary's Bank Name & Address	收款人开户银行在其代理行账号 Bene's Bank A/C No.	
59a 收款人名称及地址 Beneficiary's Name & Address	收款人账号 Bene's A/C No.	
70 汇款附言 Remittance Information	只限140个字位 Not Exceeding 140 Characters	71A 国内外费用承担 All Bank's Charges If Any Are To Be Borne By □ 汇款人 OUR □ 收款人 BEN □ 共同 SHA
收款人常驻国家（地区）名称及代码 Resident Country/Region Name & Code		
请选择：□ 预付货款 Advance Payment □ 货到付款 Payment Against Delivery □ 退款 Refund □ 其他 Others 最迟装运日期		
交易编号 BOP Transac. Code □□□□□□ □□□□□□	相应币种及金额 Currency & Amount	交易附言 Transac. Remark
是否为进口核销项下付款 □ 是 □ 否	合同号	发票号
外汇局批件/备案表号		报关单经营单位代码 □□□□□□□□□□
报关单号	报关单币种及总金额	本次核注金额
报关单号	报关单币种及总金额	本次核注金额

银行专用栏 For Bank Use Only	申请人签章 Applicant's Signature	银行签章 Bank's Signature
购汇汇率 Rate	请按照贵行背页所列条款代办以上汇款并进行申报 Please Effect The Upwards Remittance, Subject To The Conditions Overleaf：	
等值人民币 RMB Equivalent		
手续费 Commission		
电报费 Cable Charges		
合计 Total Charges		
支付费用方式 In Payment of the Remittance □ 现金 by Cash □ 支票 by Check □ 账户 from Account	申请人姓名 Name of Applicant 电话 Phone No.	核准人签字 Authorized Person 日期 Date
核印 Sig. Ver.	经办 Maker	复核 Checker

第一联 银行会计部门留存联

填写前请仔细阅读各联背面条款及填报说明
Please read the conditions and instructions overleaf before filling in this application.

附件1：境外汇款申请书样式和填写说明·117

境外汇款申请书
APPLICATION FOR FUNDS TRANSFERS (OVERSEAS)

致：杭州银行
TO: BANK OF HANGZHOU

日期 Date _____

□ 电汇 T/T　□ 票汇 D/D　□ 信汇 M/T
发电等级 Priority　□ 普通 Normal　□ 加急 Urgent

申报号码 BOP Reporting No.	□□□□□□ □□□□ □□□□□□□□ □□□□
20 银行业务编号 Bank Transac. Ref.No	收电行／付款行 Receiver/Drawn on
32A 汇款币种及金额 Currency & Interbank Settlement Amount	金额大写 Amount in Words
其中 现汇金额 Amount in FX	账号 Account No./Credit Card No.
购汇金额 Amount of Purchase	账号 Account No./Credit Card No.
其他金额 Amount of Others	账号 Account No./Credit Card No.

50a 汇款人名称及地址 Remitter's Name & Address
个人身份证件号码 Individual ID NO.
□ 对公 组织机构代码 Unit Code □□□□□□□—□　□ 对私　□ 中国居民个人 Resident Individual　□ 中国非居民个人 Non-Resident Individual

54/56a 收款银行之代理行名称及地址 Correspondent of Beneficiary's Bank Name & Address

57a 收款人开户银行名称及地址 Beneficiary's Bank Name & Address　收款人开户银行在其代理行账号 Bene's Bank A/C No.

59a 收款人名称及地址 Beneficiary's Name & Address　收款人账号 Bene's A/C No.

70 汇款附言 Remittance Information　只限140个字位 Not Exceeding 140 Characters

71A 国内外费用承担 All Bank's Charges If Any Are To Be Borne By
□ 汇款人 OUR　□ 收款人 BEN　□ 共同 SHA

收款人常驻国家（地区）名称及代码 Resident Country/Region Name & Code □□□

请选择：□ 预付货款 Advance Payment　□ 货到付款 Payment Against Delivery　□ 退款 Refund　□ 其他 Others　最迟装运日期

交易编码 BOP Transac. Code □□□□□□ □□□□□□	相应币种及金额 Currency & Amount	交易附言 Transac. Remark

是否为进口核销项下付款　□ 是　□ 否	合同号	发票号 □□□□□□□□□
外汇局批件／备案表号	报关单经营单位代码	□□□□□□□□□
报关单号	报关单币种及总金额	本次核注金额
报关单号	报关单币种及总金额	本次核注金额

银行专用栏 For Bank Use Only	申请人签章 Applicant's Signature	银行签章 Bank's Signature
购汇汇率 Rate @	请按照贵行背页所列条款代办以上汇款并进行申报 Please Effect The Upwards Remittance, Subject To The Conditions Overleaf:	
等值人民币 RMB Equivalent		
手续费 Commission		
电报费 Cable Charges		
合计 Total Charges		
支付费用方式 In Payment of the Remittance　□ 现金 by Cash　□ 支票 by Check　□ 账户 from Account	申请人姓名 Name of Applicant　电话 Phone No.	核准人签字 Authorized Person　日期 Date
核印 Sig. Ver.	经办 Maker	复核 Checker

第三联 申报主体留存联

填写前请仔细阅读各联背面条款及填报说明。
Please read the conditions and instructions overleaf before filling in this application.

条 款

  1. 申请人应仔细审阅本申请书所列之各项条款内容,将收款人详细内容正确填写在有关栏目内。如因填写错误或字迹不清而引起的迟付或错付款,杭州银行(以下简称"本行")概不负责。

  2. 倘因下列情形而引致任何损失,本行概不负责。其中包括:款项交付或通知延误;书函、电报或其他文件在寄发或传送途中发生错误、残缺、遗漏、中断或延误,代理行或同业之行为;战争、检查、封锁、政变或骚乱;本地或外国政府或其行政机构所施行之一切法律、法令、条例、管制或其他难以控制之事故。

  3. 对于委托解付汇款的代理行或同业银行之一切错误、疏忽或过失,本行概不负责。

  4. 对此汇款要求修改汇款内容或退汇,申请人须亲自携带有效证明或文件到本行办理。待本行接到有关同业银行证实汇款已取消后方能办理退汇手续。所有因此笔汇款引起之费用,概由申请人承担。

  5. 请保存好客户收据以备日后查询。

CONDITIONS

  1. All payment instructions should be checked carefully by the applicant in each case and fill in all the details of beneficiary's information in each proper blank space. Hangzhou City Commercial Bank (Here after called "the Bank") shall not be liable for any delayed payment or incorrect payment caused by the wrong information given or unclear writing.

  2. The Bank shall not be liable for any loss or damage due to delay in payment.

Or in giving advice of payment loss of items in transit or otherwise, mutilation error, omission, interruption or delay in transmission or delivery of any item, letter, telegram or cable or the actions of our correspondents, sub-agents or other agencies, or declared or undeclared war, censorship; blockade, insurrection; civil confusion; or any law, decree, regulation, control, restriction or other act of a domestic or of foreign government or other group or groups exercising governmental powers, whether de jure or defacto, or any act or event beyond our control.

3. The Bank is not liable for errors, neglects, or defaults of any correspondents, sub-agents, or other agencies.

4. Any request for amendment or cancellation has to be made by the applicant in person upon presentation of proper identity documents, and refund can only be made by the Bank upon receipt of its correspondent's effective confirmation of the cancellation and the Bank is upon receipt to its correspondent's effective confirmation of the cancellation and the Bank is entitled to reimburse from the applicant for the expenses of the Bank, its correspondents and agents.

5. Please retain the customer's receipt for future enquiries.

境外汇款申请书填写说明

1. 境外汇款申请书:凡采用电汇、票汇或信汇方式对境外付款的机构或个人(统称汇款人),须逐笔填写此申请书。

2. 日期:指汇款人填写此申请书的日期。

3. 申报号码:根据国家外汇管理局有关申报号码的编制规则,由银行编制(此栏由银行填写)。

4. 银行业务编号:指该笔业务在银行的业务编号(此栏由银行填写)。

5. 收电行/付款行:此栏由银行填写。

6. 汇款币种及金额:指汇款人申请汇出的实际付款币种及金额。

7. 现汇金额:包括:汇款人申请汇出的实际付款金额中,直接从外汇账户(包括外汇保证金账户)中支付的金额;汇款人将从银行购买的外汇存入外汇账户(包括外汇保证金账户)后对境外支付的金额应作为现汇金额;汇款人以外币现钞方式对境外支付的金额作为现汇金额。

8. 购汇金额:指汇款人申请汇出的实际付款金额中,向银行购买外汇直接对境外支付的金额。

9. 其他金额:指汇款人除购汇和现汇以外对境外支付的金额。包括跨境人民币交易以及记账贸易项下交易等的金额。

10. 账号:指银行对境外付款时扣款的账号,包括人民币账号、现汇账号、现钞账号、保证金账号、银行卡号。如从多个同类账户扣款,填写金额大的扣款账号。

11. 汇款人名称及地址:对公项下指汇款人预留银行印鉴或国家质量监督检验检疫总局颁发的组织机构代码证或国家外汇管理局及其分支局(以下简称"外汇局")签发的特殊机构代码赋码通知书上的名称及地址。对私项下指个人身份证件上的名称及住址。

12. 组织机构代码:按国家质量监督检验检疫总局颁发的组织机构代码证或外汇局签发的特殊机构代码赋码通知书上的单位组织机构代码或特殊机构

代码填写。

13. 个人身份证件号码：包括境内居民个人的身份证号、军官证号等以及境外居民个人的护照号等。

14. 中国居民个人/中国非居民个人：根据《国际收支统计申报办法》对中国居民/中国非居民的定义进行选择。

15. 收款银行之代理行名称及地址：为中转银行的名称，所在国家、城市及其在清算系统中的识别代码。

16. 收款人开户银行名称及地址：为收款人开户银行名称，所在国家、城市及其在清算系统中的识别代码。

17. 收款人开户银行在其代理行账号：为收款银行在其中转行的账号。

18. 收款人名称及地址：指收款人全称及其所在国家、城市。

19. 汇款附言：由汇款人填写所汇款项的必要说明：可用英文填写且不超过140字位（受SWIFT系统限制）。

20. 国内外费用承担：指由汇款人确定办理对境外汇款时发生的国内外费用由何方承担，并在所选项前的"□"中打"√"。

21. 收款人常驻国家（地区）名称及代码：指该笔境外汇款的实际收款人常驻的国家或地区。名称用中文填写，代码根据第二联背面"国家（地区）名称代码表"填写。

22. 交易编码：应根据本笔对境外付款交易性质对应的"国际收支交易编码表（支出）"填写。如果本笔付款为多种交易性质，则在第一行填写最大金额交易的国际收支交易编码，第二行填写次大金额交易的国际收支交易编码；如果本笔付款涉及进口付汇核销项下交易，则核销项下交易视同最大金额交易处理；如果本笔付款为退款，则应填写本笔付款对应原涉外收入的国际收支交易编码。

23. 相应币种及金额：应根据填报的交易编码填写，如果本笔对境外付款为多种交易性质，则在第一行填写最大金额交易相应的币种及金额，第二行填写其余币种及金额；两栏合计数应等于汇款币种及金额。如果本笔付款涉及进口付汇核销项下交易，则核销项下交易视同最大金额交易处理。

24. 交易附言：应对本笔对境外付款交易性质进行详细描述。如果本笔付款为多种交易性质，则应对相应的对境外付款交易性质分别进行详细描述；如果本笔付款为退款，则应填写本笔付款对应原涉外收入的申报号码。

25. 外汇局批件/备案表号：指外汇局签发的，银行凭以对境外付款的各种批件或进口付汇备案表号。

26. 报关单经营单位代码：指由海关颁发给企业的"自理报关单位注册登记证明书"上的代码。

27. 报关单号：指海关报关单上的编码，应与海关报关数据库中提示的编码一致。若有多张报关单，表格不够填写，可另附页。

28. 最迟装运日期：指货物的实际装运日期。境外工程物资和转口贸易项下的支付中，最迟装运日期应为收汇日期。

29. 购汇汇率（银行专用栏）：指对境外汇款金额中，以人民币购汇部分的汇率。

附件2：国家（地区）名称代码表

国家（地区）名称代码表

（按汉语拼音顺序查找） GB/T2659-2000

数字代码	名称(简称)	数字代码	名称(简称)	数字代码	名称(简称)	数字代码	名称(简称)
A		258	法属波利尼西亚	642	罗马尼亚	670	圣文森特和格林纳丁斯
008	阿尔巴尼亚	254	法属圭亚那	**M**		144	斯里兰卡
012	阿尔及利亚	260	法属南部领地	450	马达加斯加	703	斯洛伐克
004	阿富汗	336	梵蒂冈	462	马尔代夫	705	斯洛文尼亚
032	阿根廷	608	菲律宾	470	马耳他	744	斯瓦尔巴岛和扬马延岛
784	阿联酋	242	斐济	454	马拉维	748	斯威士兰
533	阿鲁巴	246	芬兰	458	马来西亚	736	苏丹
512	阿曼	132	佛得角	466	马里	740	苏里南
031	阿塞拜疆	238	福克兰群岛（马尔维纳斯）	584	马绍尔群岛	090	所罗门群岛
818	埃及	**G**		474	马提尼克	706	索马里
231	埃塞俄比亚	270	冈比亚	175	马约特	**T**	
372	爱尔兰	178	刚果（布）	480	毛里求斯	762	塔吉克斯坦
233	爱沙尼亚	180	刚果（金）	478	毛里塔尼亚	764	泰国
020	安道尔	170	哥伦比亚	840	美国	834	坦桑尼亚
024	安哥拉	188	哥斯达黎加	581	美国本土外小岛屿	776	汤加
660	安圭拉	308	格林纳达	016	美属萨摩亚	796	特克斯和凯科斯群岛
028	安提瓜和巴布达	304	格陵兰	850	美属维尔京群岛	780	特立尼达和多巴哥
040	奥地利	268	格鲁吉亚	496	蒙古	788	突尼斯
036	澳大利亚	192	古巴	500	蒙特塞拉特	798	图瓦卢
446	澳门	312	瓜德罗普	050	孟加拉国	792	土耳其
B		316	关岛	583	密克罗尼西亚联邦	795	土库曼斯坦
052	巴巴多斯	328	圭亚那	104	缅甸	772	托克劳
598	巴布亚新几内亚	**H**		498	摩尔多瓦	**W**	
044	巴哈马	398	哈萨克斯坦	504	摩洛哥	876	瓦利斯和富图纳
586	巴基斯坦	332	海地	492	摩纳哥	548	瓦努阿图
600	巴拉圭	410	韩国	508	莫桑比克	320	危地马拉
275	巴勒斯坦	528	荷兰	484	墨西哥	862	委内瑞拉
048	巴林	530	荷属安的列斯	**N**		096	文莱
591	巴拿马	334	赫德和麦克唐纳岛	516	纳米比亚	800	乌干达
076	巴西	340	洪都拉斯	710	南非	804	乌克兰
112	白俄罗斯	**J**		010	南极洲	858	乌拉圭
060	百慕大	296	基里巴斯	239	南乔治亚岛和南桑德韦奇岛	860	乌兹别克斯坦
100	保加利亚	262	吉布提	891	南斯拉夫	**X**	
580	北马里亚纳	417	吉尔吉斯斯坦	520	瑙鲁	724	西班牙
204	贝宁	324	几内亚	732	西撒哈拉
056	比利时	624	几内亚比绍	558	尼加拉瓜	300	希腊
604	秘鲁	124	加拿大	562	尼日尔	344	香港
352	冰岛	288	加纳	566	尼日利亚	702	新加坡
630	波多黎各	266	加蓬	570	纽埃	540	新喀里多尼亚
070	波黑	116	柬埔寨	578	挪威	554	新西兰
616	波兰	203	捷克	574	诺福克岛	348	匈牙利
068	玻利维亚	716	津巴布韦	**P Q**		760	叙利亚
084	伯利兹	**K**		585	帕劳	**Y**	
072	博茨瓦纳	120	喀麦隆	612	皮特凯恩	388	牙买加
064	不丹	634	卡塔尔	620	葡萄牙	051	亚美尼亚
854	布基纳法索	136	开曼群岛	807	前南马其顿	887	也门
108	布隆迪	166	科科斯（基林）群岛	**R**		368	伊拉克
074	布维岛	174	科摩罗	392	日本	364	伊朗
C		384	科特迪瓦	752	瑞典	376	以色列
408	朝鲜	414	科威特	756	瑞士	380	意大利
226	赤道几内亚	191	克罗地亚	**S**		356	印度
D		404	肯尼亚	222	萨尔瓦多	360	印度尼西亚
208	丹麦	184	库克群岛	882	萨摩亚	826	英国
276	德国	**L**		694	塞拉利昂	092	英属维尔京群岛
626	东帝汶	428	拉脱维亚	686	塞内加尔	086	英属印度洋领地
768	多哥	426	莱索托	196	塞浦路斯	400	约旦
214	多米尼加	418	老挝	690	塞舌尔	704	越南
212	多米尼克	422	黎巴嫩	682	沙特阿拉伯	**Z**	
E		440	立陶宛	162	圣诞岛	894	赞比亚
643	俄罗斯联邦	430	利比里亚	678	圣多美和普林西比	148	乍得
218	厄瓜多尔	434	利比亚	654	圣赫勒拿	292	直布罗陀
232	厄立特里亚	438	列支敦士登	659	圣基茨和尼维斯	152	智利
F		638	留尼汪	662	圣卢西亚	140	中非
250	法国	442	卢森堡	674	圣马力诺	156	中国
234	法罗群岛	646	卢旺达	666	圣皮埃尔和密克隆	158	中国台湾

附件3：国际收支交易代码表（支出）

国际收支交易代码表（支出）

代码	项目名称	代码	项目名称
	货物贸易	205019	其它财产险支出
	一般货物	205020	人身险支出
101010	一般贸易支出	205030	再保险支出
101020	补偿贸易支出	205040	保险中介服务支出
101030	寄售代销贸易支出	205090	其它保险支出
101040	边境贸易支出	206010	金融服务中介费、手续费、担保费、承诺费支出
101060	租赁贸易支出		*计算机和信息服务*
101070	免税商品进口	207010	与计算机有关的服务支出
101080	水、电、煤气、天然气等进口	207020	书刊、杂志和电子出版物以及新闻、信息服务支出
101090	购买运输工具、天然气石油井架、工作台和其他活动设备		*专有权利使用费和特许费*
101130	外商投资企业作为投资进口设备、物品的支出	208010	专利特许权支出
	用于加工的货物	208020	非专利发明或专有技术支出
102020	加工贸易进口的设备	208030	经营权、经销权支出
102030	进料加工贸易项下的料件进口	208040	商标、制作方法支出
102040	出料加工贸易进口	208050	版权、著作权、稿费支出
103010	在国外修理所需货物的支出		*体育、文化和娱乐服务*
104010	运输工具在港口消费货物支出	209010	电影、音像服务支出
105010	非货币黄金进口支出	209020	艺术品展览、拍卖服务支出
109000	其他支出	209090	体育、健身及其它文化、娱乐服务支出
	服 务		*别处未提及的政府服务*
	与运输有关的服务支出	210010	签证认证费支出
	海运支出	210020	使领馆经费支出
201011	客运支出		*其它商业服务*
201012	为货物出口支付的运输费用		*转口贸易及贸易佣金*
201013	为货物进口支付的运输费用	211011	转口贸易支出
201014	港口服务支出(如海运货物的装卸,运输工具的牵引、检修等)	211012	转口贸易价差支出
201019	其它支出	211013	进出口佣金支出
	空运支出	211014	带料加工贸易加工费支出
201021	客运支出	211020	经营性租赁服务支出
201022	为货物出口支付的运输费用		*法律、会计、管理咨询和公共关系服务*
201023	为货物进口支付的运输费用	211031	法律服务、仲裁支出
201024	港口服务支出(如空运货物的装卸,运输工具的牵引、检修等)	211032	会计服务支出
201029	其它支出	211033	管理咨询服务支出
	其他运输支出	211034	认证、公证服务支出
201031	客运支出	211039	其它支出
201032	为货物出口支付的运输费用		*广告、展览、市场调研*
201033	为货物进口支付的运输费用	211041	与商业销售有关的广告、展览支出
201034	港口服务支出(如货物的装卸,运输工具的牵引、检修等)	211042	市场调研支出
201039	其它支出		*技术服务*
201040	运输佣金、代理费支出	211051	工业、技术研究与发展支出
	旅游	211052	理论、科学研究与发展支出
202010	旅游企业团费支出	211053	建筑、工程技术服务支出
202020	公务及商务差旅支出	211054	其它支出
202030	因私旅游支出	211060	驻外办事处办公经费
202040	医疗、保健支出	211070	会费支出(如参加国际团体、国际会议的会员费、注册费、报名费等)
202050	教育、培训支出	211090	其它支出
	通信服务		**收 益**
203010	电信服务支出(如电话、电子邮件、卫星线路租用、网络专线服务等)		*职工报酬*
203020	邮政、邮递服务支出	301010	一年以下雇员汇款支出
	建筑、安装及劳务承包服务		*投资收益*
204010	建筑、安装服务支出		*直接投资收益*
204020	劳务承包支出	302011	利润汇出
	保险	302012	建筑物租金支出
	财产险支出	302013	归还母/分公司、附属或关联方借款利息支出
205011	责任险支出		*证券投资收益*
205012	信用保证险支出	302021	股票投资收益支出
205013	进出口货运险支出		

主要参考文献

1. 陈文培. 外贸业务经理人手册[M]. 第2版. 北京:中国海关出版社,2010.
2. 翁佩君. 出口退税技巧[M]. 北京:中国海关出版社,2008.
3. 国家外汇管理局网站:http://www.safe.gov.cn.
4. 国家外汇管理局网上服务平台网站:http://www.safesvc.gov.cn/.

书目介绍

乐贸系列

书名	作者	定价	书号	出版时间

📖 外贸操作实务子系列

书名	作者	定价	书号	出版时间
1. 外贸纠纷处理实务——案例与技巧	熊志坚	35.00元	978-7-80165-789-3	2011年1月第1版
2. 报检七日通	徐荣才 朱瑾瑜	22.00元	978-7-80165-715-2	2010年8月第1版
3. 实用外贸技巧助你轻松拿订单	王陶（波锅涅）	25.00元	978-7-80165-724-4	2010年4月第1版
4. 外贸业务经理人手册（第2版）	陈文培	39.00元	978-7-80165-671-1	2010年1月第1版
5. 外贸会计实务精要	疏 影	28.00元	978-7-80165-633-9	2009年5月第1版
6. 外贸实用工具手册	本书编委会	32.00元	978-7-80165-558-5	2009年1月第1版
7. 外贸实务经验分享33例	沱沱网中文站	28.00元	978-7-80165-560-8	2009年1月第1版
8. 外贸实务案例精华80篇	刘德标 吴珊红	29.80元	978-7-80165-561-5	2009年1月第1版
9. 快乐外贸七讲	朱芷萱	22.00元	978-7-80165-373-4	2009年1月第1版
10. 危机生存——十位经理人谈金融危机下的经营之道	本书编委会	22.00元	978-7-80165-586-8	2009年1月第1版
11. 外贸七日通（最新修订版）	黄海涛（深海鱿鱼）	22.00元	978-7-80165-397-0	2008年8月第3版
12. 金牌外贸业务员找客户——17种方法·案例·评析	陈念祥 张思羽	35.00元	978-7-80165-543-1	2008年8月第2版
13. 出口营销实战（最新修订版）	黄泰山	38.00元	978-7-80165-306-2	2008年5月第2版
14. 出口营销策略（《出口营销实战》升级版）	黄泰山 冯斌	35.00元	978-7-80165-459-5	2008年5月第1版
15. 进口实务操作指南——步骤·实例·经验技巧	中国进口网	55.00元	978-7-80165-493-9	2008年5月第1版

📖 出口风险管理子系列

书名	作者	定价	书号	出版时间
1. 出口风险管理实务（第二版）	冯 斌	48.00元	978-7-80165-725-1	2010年4月第2版
2. 50种出口风险防范	王新华 陈丹凤	35.00元	978-7-80165-647-6	2009年8月第1版

书名	作者	定价	书号	出版时间

📖 外贸单证操作子系列

	书名	作者	定价	书号	出版时间
1.	信用证审单有问有答280例	李一平 徐珺	37.00元	978-7-80165-761-9	2010年8月第1版
2.	外贸单证经理的成长日记	曹顺祥	38.00元	978-7-80165-716-9	2010年3月第1版
3.	外贸单证解惑280例	龚玉和 齐朝阳	38.00元	978-7-80165-638-4	2009年7月第1版
4.	信用证6小时教程	黄海涛（深海鱿鱼）	25.00元	978-7-80165-624-7	2009年4月第2版
5.	跟单高手教你做跟单	汪德	32.00元	978-7-80165-623-0	2009年4月第1版
6.	外贸单证处理技巧（第3版）	屈韬	42.00元	978-7-80165-516-5	2008年5月第1版
7.	进出口单证实务案例评析	袁永友 柏望生	33.00元	978-7-80165-371-8	2006年8月第1版

📖 福步外贸高手子系列

	书名	作者	定价	书号	出版时间
1.	小小开发信 订单滚滚来——外贸开发信写作技巧及实用案例分析	薄如骢	26.00元	978-7-80165-551-6	2008年8月第1版
2.	外贸技巧与邮件实战	刘云	28.00元	978-7-80165-536-3	2008年7月第1版

📖 国际物流操作子系列

	书名	作者	定价	书号	出版时间
1.	货代高手教你做货代——优秀货代笔记	何银星	25.00元	978-7-80165-696-4	2010年1月第1版
2.	国际物流操作风险防范——技巧·案例分析	孙家庆	32.00元	978-7-80165-577-6	2009年4月第1版
3.	集装箱运输与海关监管	赵宏	23.00元	978-7-80165-559-2	2009年1月第1版

📖 通关实务子系列

	书名	作者	定价	书号	出版时间
1.	如何通过原产地证尽享关税优惠	南京出入境检验检疫局	50.00元	978-7-80165-613-8	2009年4月第3版
2.	海关进出口商品归类基础与训练	温朝柱	36.00元	978-7-80165-496-0	2009年1月第1版
3.	最新报关单填制实用辅导	盛新阳 彭飞	38.00元	978-7-80165-497-7	2008年10月第1版
4.	最新商品归类技巧	赵宏	38.00元	978-7-80165-520-2	2008年9月第1版
5.	报关实务一本通	苏州工业园区海关	28.00元	978-7-80165-518-9	2008年6月第1版

书名	作者	定价	书号	出版时间

📖 彻底搞懂子系列

1. 彻底搞懂中国自由贸易区优惠	刘德标 祖月	34.00 元	978-7-80165-762-6	2010 年 8 月第 1 版
2. 彻底搞懂贸易术语	陈岩	33.00 元	978-7-80165-719-0	2010 年 2 月第 1 版
3. 彻底搞懂海运航线	唐丽敏	25.00 元	978-7-80165-644-5	2009 年 7 月第 1 版
4. 彻底搞懂信用证	王腾 曹红波	29.80 元	978-7-80165-639-1	2009 年 7 月第 1 版
5. 彻底搞懂提单	张敏 赵通	29.80 元	978-7-80165-602-5	2009 年 6 月第 1 版
6. 彻底搞懂关税	孙金彦	29.00 元	978-7-80165-618-6	2009 年 6 月第 1 版

📖 外贸英语实战子系列

1. 外贸英语函电实战	梁金水	25.00 元	978-7-80165-705-3	2010 年 1 月第 1 版
2. 外贸英语口语一本通	刘新法	29.00 元	978-7-80165-537-0	2008 年 8 月第 1 版
3. 英汉物流词汇精析——结合实务操作	应海新	68.00 元	978-7-80165-517-2	2008 年 5 月第 1 版

📖 外贸谈判子系列

1. 外贸英语谈判实战	王慧 吴旻 张海军 蒋晓杰 仲颖	32.00 元	978-7-80165-767-1	2010 年 9 月第 1 版
2. 外贸谈判策略与技巧	赵立民	26.00 元	978-7-80165-645-2	2009 年 7 月第 1 版

📖 国际商务往来子系列

国际商务礼仪大讲堂	李嘉珊	26.00 元	978-7-80165-640-7	2009 年 12 月第 1 版

📖 贸易展会子系列

外贸参展全攻略——如何有效参加 B2B 贸易商展（第二版）	钟景松	33.00 元	978-7-80165-779-4	2010 年 10 月第 2 版

📖 区域市场开发子系列

中东市场开发实战	刘军 沈一强	28.00 元	978-7-80165-650-6	2009 年 9 月第 1 版

📖 国际结算子系列

1. 国际结算函电实务	周红军 阎之大	40.00 元	978-7-80165-732-9	2010 年 5 月第 1 版
2. 出口商如何保障安全收汇——L/C、D/P、D/A、O/A 精讲	庄乐梅	85.00 元	978-7-80165-491-5	2008 年 5 月第 1 版

| 书名 | 作者 | 定价 | 书号 | 出版时间 |

📖 国际贸易金融工具子系列

书名	作者	定价	书号	出版时间
1. 出口信用保险——操作流程与案例	中国出口信用保险公司	35.00元	978-7-80165-522-6	2008年5月第1版
2. 福费廷	周红军	26.00元	978-7-80165-451-9	2008年1月第1版

📖 加工贸易操作子系列

书名	作者	定价	书号	出版时间
1. 加工贸易实务操作与技巧	熊斌	35.00元	978-7-80165-809-8	2011年4月第1版
2. 加工贸易企业关务作业统筹	熊斌	29.80元	978-7-80165-423-6	2009年3月第1版

📖 乐税子系列

书名	作者	定价	书号	出版时间
1. 外贸企业出口退税操作手册	中国出口退税咨询网	42.00元	978-7-80165-818-0	2011年5月第1版
2. 生产企业免抵退税实务——经验、技巧分享	徐玉树	35.00元	978-7-80165-780-0	2011年1月第1版
3. 生产企业免抵退税从入门到精通	中国出口退税咨询网	98.00元	978-7-80165-695-7	2010年1月第1版
4. 出口涉税会计实务精要（《外贸会计实务精要》第2版）	龙博客工作室	32.00元	978-7-80165-660-5	2009年9月第2版

📖 专业报告子系列

书名	作者	定价	书号	出版时间
1. 国际工程风险管理	张燎	1980.00元	978-7-80165-708-4	2010年1月第1版
2. 涉外型企业海关事务风险管理报告	《涉外型企业海关事务风险管理报告》研究小组	1980.00元	978-7-80165-666-7	2009年10月第1版

📖 外贸企业管理子系列

书名	作者	定价	书号	出版时间
小企业做大外贸的四项修炼	胡伟锋	26.00元	978-7-80165-673-5	2010年1月第1版

📖 国际贸易金融子系列

书名	作者	定价	书号	出版时间
国际贸易金融服务全程通	赵小凡 张丽君 张贝	39.80元	978-7-80165-759-6	2010年8月第1版

"实用型"报关与国际货运专业教材

书名	作者	定价	书号	出版时间
1. 海关概论（第2版）	王意家	36.00元	978-7-80165-805-0	2011年4月第2版
2. 电子口岸实务	杨鹏强 林青	30.00元	978-7-80165-771-8	2010年9月第1版

书名	作者	定价	书号	出版时间
3. 国际集装箱班轮运输实务	林益松 郑海棠	43.00元	978-7-80165-770-1	2010年9月第1版
4. 报关实务（第2版）	杨鹏强	39.00元	978-7-80165-758-9	2010年7月第2版
5. 报检实务	孔德民	30.50元	978-7-80165-717-6	2010年5月第1版
6. 国际贸易单证实务	丁行政	45.00元	978-7-80165-706-0	2010年2月第1版
7. 国际货运代理操作实务	杨鹏强	45.00元	978-7-80165-709-1	2010年1月第1版
8. 航空货运代理实务	杨鹏强	37.00元	978-7-80165-707-7	2010年1月第1版
9. 进出口商品归类实务	林青	39.50元	978-7-80165-667-4	2009年12月第1版
10. 进出口商品归类实务——实训题参考答案	林青	12.00元	978-7-80165-692-6	2009年12月第1版
11. 现代关税实务	李齐	30.00元	978-7-80165-643-8	2009年8月第1版

待出：

供应链管理实务

"精讲型"国际贸易核心课程教材

1. 国际会展实务精讲	王重和	38.00元	978-7-80165-807-4	2011年5月第1版
2. 国际贸易实务精讲（第4版）	田运银	45.00元	978-7-80165-764-0	2010年9月第4版
3. 国际贸易实务疑难解答	田运银	20.00元	978-7-80165-718-3	2010年9月第1版
4. 国际贸易单证精讲（第2版）	田运银	42.00元	978-7-80165-669-8	2010年1月第2版
5. 集装箱运输系统与操作实务精讲	田聿新 杨永志 汤玮	38.00元	978-7-80165-642-1	2009年7月第1版
6. 国际货运代理实务精讲	杨占林	39.00元	978-7-80165-636-0	2009年6月第1版
7. 海关法教程（第2版）	刘达芳	40.00元	978-7-80165-605-6	2009年3月第1版

待出：

1. 国际贸易规则与惯例实务精讲
2. 国际营销实务精讲
3. 国际商务谈判实务精讲
4. 国际结算实务精讲
5. 报关实务精讲
6. 外贸业务员英语实务精讲
7. 国际投资实务精讲
8. 国际技术贸易实务精讲

| 书名 | 作者 | 定价 | 书号 | 出版时间 |

电子商务大讲堂·外贸培训专用

1. **外贸操作实务**   本书编委会   30.00元   978-7-80165-621-6   2009年5月第1版
2. **网上外贸**
   ——如何高效获取订单   本书编委会   30.00元   978-7-80165-620-9   2009年5月第1版
3. **出口营销指南**   本书编委会   30.00元   978-7-80165-619-3   2009年5月第1版
4. **外贸实战与技巧**   本书编委会   30.00元   978-7-80165-622-3   2009年5月第1版

以上图书均可在当当网、卓越网及各地新华书店等处购买。若有其他购书意向，请与本社发行部联系，联系电话：(010)65194226。